THE WAVE
PRINCIPLE
波浪理论
（专业解读版）

[美] 拉尔夫·纳尔逊·艾略特（Ralph Nelson Elliott） 著

段会青 译

张艺博 点评

人民邮电出版社

北　京

图书在版编目（CIP）数据

波浪理论：专业解读版／（美）艾略特
（Elliott，R. N.）著；段会青译 . —北京：人民邮电出
版社，2015.8
ISBN 978-7-115-39994-6

Ⅰ. ①波… Ⅱ. ①艾…②段… Ⅲ. ①股票投资—基
本知识 Ⅳ. ①F830.91

中国版本图书馆 CIP 数据核字（2015）第 165551 号

内 容 提 要

在股市看似无常的涨跌背后，蕴含着自然的韵律，了解了股市波浪起伏的规
律，我们便可以更好地掌控自己的投资行为和收益。

本书作者以精炼的文字简洁明了地介绍了波浪理论的基本规则和原理，并将
美国股市 72 年中的走势作为实例加以分析，用丰富的图表讲解了波浪理论在分析
和预测股票市场走势方面的具体方法。而《证券市场红周刊》专栏作家的专业解
读，也让这部经典作品的现实意义更加容易被国内读者所理解。

本书是研究股市技术分析的必读之作，为投资者看懂股市变化趋势提供了一
个宽广的视野和有效的工具。

◆ 著 ［美］拉尔夫·纳尔逊·艾略特（Ralph Nelson Elliott）
　 译 段会青
责任编辑 王飞龙
执行编辑 贾淑艳
责任印制 焦志炜

◆ 人民邮电出版社出版发行 北京市丰台区成寿寺路 11 号
邮编 100164 电子邮件 315@ptpress.com.cn
网址 http://www.ptpress.com.cn
北京天宇星印刷厂印刷

◆ 开本：700×1000 1/16
印张：9.5 2015 年 8 月第 1 版
字数：90 千字 2025 年 11 月北京第 56 次印刷

定 价：49.00 元
读者服务热线：（010）81055656 印装质量热线：（010）81055316
反盗版热线：（010）81055315

推荐序

对认为技术分析确实有效的交易者来说，艾略特的波浪理论无疑是必修课。历史似乎特别钟情二十世纪二三十年代的美国证券市场。在那个年代，先后诞生了道氏理论、江恩理论和波浪理论。迄今为止，技术分析的种种延伸与发展似乎都没能完全脱离这三大理论。而其中作为"自然的韵律"而存在的波浪理论，虽然在追随者的顶礼膜拜中成长壮大，但是却也不时会有"最不靠谱的精准预测"之类的噪声。

如果说道氏理论注重宏观，江恩理论偏重细节，那么波浪理论就必须是看重趋势的了。而现在技术分析者们对波浪理论的定性似乎在于，它只能大体上宏观地给出大趋势的预测，如果非要精确地细分每一个微小的波浪，势必陷入不可知论之中。很多投资界的大佬们在数波浪的时候，出现过各种各样的自证错误，而多数难以自圆其说的错误都体现在细微之处，如果把波浪用来进行宏观层面的观察，则似乎很少出现错误。现在的"江湖"中处处充斥着三浪三买的经典暴富理论，而且市场似乎也在一而再、再而三地验证这一理论。这就是为什么波浪理论一方面拥有着如此多的追随者，另一方面又拥有几乎同样多的反对者。更是有相当一部分人直截了当地提出了"所有的技术分析都没有用"的论调。他们说得振振有词、有理有据，常常让技术分析者们无言以对。

有过几年市场交易经验的人都知道，无论什么形式的预测都仅仅只是停留在预测的层面，优秀的交易者从不预测，他们只是跟随。因为对于市场未来会怎么走，根据人类证券历史迄今为止所有的经验教训所得出的结论是：谁都不知道。我认为波浪理论最大的问题在于，它试图对市场的所有行为都做出精准预测。如果市场的所有行为都可被预测，那么可想而知会诞生多少亿万富翁。然而事实却是残酷无情的，波浪理论并没有做到这一点。我所担心的是，波浪理论可能会给使用者带来强烈的心理预期和暗示，某种程度上甚至达到催眠的程度，由此所引发的交易者对客观的误判，可能会导致灾难性的后果。当然，从这一点上来说，任何技术分析方法都会产生类似的后果。

然而，波浪理论真的就一无所长吗？如果交易者们剔除其中试图精准预测每一个市场行为的因素，转向在大体上预测市场行为，那么波浪理论的诸多原理还是相当有价值的。它对趋势的判断，迄今为止是所有技术分析方法中最为精准的——没有之一。

此外，市场上有很多人懂得并正在运用波浪理论，所以你可能不喜欢波浪理论，但是你必须了解它，因为这是研究市场行为的重要一环。索罗斯在自己的反射理论中讲过，均衡状态是事物发展的状态之一，但在各种影响因素的相互作用之下，大多数时候事物发展都是呈现不均衡的状态，这种影响的一个直接体现就是指投资者与市场之间的互动影响，其理论依据是人们不可能完全正确地认识世界，投资者都是持"偏见"进入市场的，而"偏见"正是了解金融市场动力的关键所在。很显然，如果你不喜欢波浪理论，这本身就是一种"偏见"。

客观公正地讲，每种理论都有自己的局限性，片面地强调局限性而忽略其优异闪光之处，显然是不明智的。艾略特自己曾经讲过，他的理论是对道氏理论的有益补充。显然，他有点过谦了，实际上，使用波浪理论进行实战操作，其指导意义甚至要大于道氏理论。迄今为止，波浪理论确实是帮交易者厘清数年中牛、熊转换的确切运行方式的完美理论。只要调出上证综指的月 K 线图，你就可以清晰地看到，市场从 6 124 点一路下行到 1 664 点的过程中，经历了多么完美的一个五浪结构！我们应该向这个结构致敬，这就是艾略特的波浪理论。

它曾经那么准确地解释过去的市场，也必将会精准地诠释未来的市场。

张艺博

目　录

"世间万物皆有规律"，自然界本身也是按照其自身规律运行的。人类行为方面的研究已经证明，与社会经济相关的所有人类活动都遵循着一种波浪规律，股票市场可以很好地解释和验证这种规律。

一轮完整的股票市场运动通常由五个浪构成。这五个浪之中，有三个浪的运动方向与主要运动方向相同，另外两个浪则在相反的方向上运动。一个浪级的五个浪，将构成下一个更大级别波浪的一个浪。

在上升浪中，主方向上的波浪，由五个更小级别的波浪组成；而反方向上的浪，则由三个更小级别的波浪组成。一轮完整的五浪运动通常是倾斜向上发展的。在市场走完浪 2 后便可以画出运行通道，进而确定一轮市场运动的终点。

第四章 │ 波浪理论的术语 / 35

波浪的名称包括次微浪、微浪、细浪、小浪、中浪、大浪、循环浪、超级循环浪、特大超级循环浪，级别由小到大排列，一个级别的五浪将会构成一个更大级别波浪运动的一个浪。每个级别的波浪都有对应的符号。

第五章 │ 波浪的特征 / 47

第五浪结束时，市场趋势将会发生反转，向相反方向展开相似级别的调整，所以这一点是投资者将股票清仓的绝好时点。同时，还有其他一些影响波浪结束时点的因素，如调整浪、延长浪、延长浪中的延长浪、不规则调整浪、失败浪等。

第六章 │ 速度、成交量与波浪图 / 83

在分析市场平均价格指数的波浪运动时，要针对不同的运动速度选择不同的 K 线图。同时，将五浪运动的规律与成交量结合起来分析，也可以帮助投资者更加准确地把握市场运行情况。看懂波浪图，才能更好地瞄准买卖时机。

第七章│波浪图总结／95

投资者需要将20条波浪规律总结熟记于心。如，个股会在不同的时间见顶，但是会在同一时间见底；当两个本来不应同步的市场突然同步了，这意味着市场要有大事发生，等等。了解了这些之后，投资者才能在投资中更加游刃有余。

第八章│波浪理论的运用／103

较大级别的股市波浪运动，在走过了第五浪之后，一般都会出现一个相当规模的调整浪。调整浪的终点，被称为长线建仓点，投资者可以在这里再度建仓买入。同时投资者需要确定在哪个级别的波浪运动中建仓和交易。

第九章│1937—1938年熊市中的罕见之事／115

在1937—1938年的熊市中，市场上出现了一个完美的平行四边形调整浪、半月形走势，第一次出现了补充循环浪等。这些都是波浪分析中难得一见的市场形态，值得投资者关注和学习。

第十章｜其他领域的波浪运动／127

自然界中的其他领域也都与股票的运行类似，背后都潜藏着波浪循环运动的规律。这些领域包括工业总产值、人寿保险的新增支付以及人口流动等，从波浪运动规律的角度来对这些问题进行深入的研究，会使相关方面学者的研究工作变得更加简单明了。

第一章

自然的韵律

"世间万物皆有规律",自然界本身也是按照其自身规律运行的。人类行为方面的研究已经证明,与社会经济相关的所有人类活动都遵循着一种波浪规律,股票市场可以很好地解释和验证这种规律。

　　"世间万物皆有规律"，这是最普遍的真理。没有规律支配的世界是混乱的，而混乱无序的世界是毫无价值的。事实上，航海、化学、航空、建筑学、无线电传输、外科手术、音乐——所有的科学、艺术及其他领域，在论及有生命和无生命的东西时，都会遵循某种固有的规律，因为自然界本身也是按照其自身规律运行的。既然规律的重要特征是有序性和稳定性，那么自然可以推导出一个结论：所有发生过的事情都可能会重演。一旦我们掌握了事物的固有规律，就能预测事物的发展。

　　哥伦布曾预言地球是圆的，他坚信从欧洲向西航行，他的船队最终必定能够再回到欧洲大陆。很多人——甚至是他船队中的一些人都曾嘲笑他，但人们最后都目睹了他的预言变成现实。天文学家哈雷曾经在 1682 年跟踪过一颗彗星，他算出这颗彗星轨道的半长轴约等于地球公转半径的 18 倍，并预言这颗彗星将每隔一定时间就会再次出现，他的预测得到了证实。马可尼深入研究了电子通信技术之后，预言声音不通过电线也能传输。众所周知，如今我们已能够足不出户收听到大洋彼岸的音乐及其他节目。所有这些人同其他学科之中数不清的科学家一样，都注重研究事物的规律。一旦掌握了事物的规律，预测其发展趋势就变得易如反掌，因为我们可以运用数据对规律进行定量分析。

尽管有时我们可能无法知道一些特殊现象背后的成因，但我们可以通过观察来预测它是否会重演。几千年来，人们一直都知道太阳会在固定的时间升起，但是多年之后，人们才逐渐知道这一现象背后的真正原因。印第安人根据每一轮新月的变化来计算确定他们的月份，但是这种天象为何呈现规律性的间隔，曾使人们困惑不已。春天播种，夏天生长，万物轮回，但又有多少人了解这种季节变迁轮回的原因？从另一个角度来说，以上例子也说明，自然界的万事万物都被规律所控制。

人和太阳、月亮一样，都是自然界的一种客观存在。所以对人类行为的分析我们也可以遵循这样一个思路，那就是它总是会有规律地重演。尽管人类活动的复杂多样性令人惊叹，但如果深入探究其内在规律，我们就能够为那些令我们深感困惑的问题找到明确的、合理的答案。因为人类行为也受规律的支配和影响，所以从理论上来说，通过对人类活动规律的分析就可以预测未来，但这一点目前还很难做到。

对人类行为的广泛研究表明，人类的社会经济活动都遵循某种规律，它们在一系列相似且恒定的、有着明确浪数和形态的波浪驱动之下不断循环重复。这些波浪与它们的驱动力量和持续时间之间有着一种稳定的相关关系。为了更好地解释这种假设，我们需要找出一些人类社会经济活动的领域来加以实证分析，这些领域要能够提供充足的、可靠的数据，从这个标准来看，股票市场是最合适的。

本书之所以对股票市场进行深入研究，主要是基于两个原因。

第一，我们在其他领域中很难找到准确的数据记录和曾经做过的预测分析，也无法得出可供验证的结果。而经济学家、统计学家、技术分析人员、企业家以及银行家都曾经多次预言过纽约证券交易所股票的未来股价。如今，股市预测已经发展成为一种职业。不过，1929年的趋势反转，使股市从有史以来的最大牛市快速转变为有史以来最大的熊市，这让所有投资者都感到有些茫然无措。那些花费千百万美元进行市场研究和预测的投资机构，也在股价超长时间的持续下跌中损失惨重。

第二，股票市场预测的成功，会产生巨大的经济回报，哪怕只是偶尔预测成功了一只股票，预测者也会在短期内得到巨大收益。比如，在1932年7月至1937年3月的市场攀升过程中，30只有代表性的权重股价格平均上涨了373%。在这一轮持续五年的牛市中，有些个股的涨幅比这还要大得多。这轮五年的市场走势并不是直线上升的，其中包括了多次小幅度的上涨和下跌，以及持续好几个月的之字形整理。这些小规模的价格波动，为波段操作获取更高利润提供了机会。

在股市中，并不是你投入了足够的精力就必然会成功预测走势并获得收益。因为，很多投入大量时间企图发现市场未来趋势的人，并没有意识到股市的波动其实是一种心理现象。很多人没有看到市场的这个本质，没有理解市场波动是有规律的——股票价格的波动受到某种规律或有序法则的支配。所以，很多股市专家所作的预测，只是偶尔正确，毫无稳定性和确定性。

不过，与自然界的其他事物一样，市场也有自身的规律。如果没有规律支配，价格运动就会杂乱无章，市场也会因此而无法维持，逐渐消失。虽然每天的价格波动看起来是随机的、无规律的，但是只要做一些深入的研究，我们就会发现事实并非如此。正像我在本书中所要介绍的那样，我们不能只研究市场的表象，而要去发现市场波动背后的节奏、规则、韵律。只有从独特的角度去分析和观察市场，并且沿着这个方向去深入研究，我们才能发现支配市场波动走势的规律。简言之，股票市场是人创造的，所以在市场的运行中也会留下深深的人性的烙印。在本书后面的内容中，我将受人类心理影响的市场运行的规律和节奏总结为波浪理论，这一理论同样适用于有人类参与的其他活动。

波浪理论在所有人类活动中都发挥着作用。不管是否曾被记录下来，在各种人类活动中，不同浪级的波浪现象都是客观存在的。如果某项人类活动满足下面这些条件，其运行的波浪的形态就会非常完备，其各个浪的变化也更加容易被专业人士识别出来。

（1）所有权广泛分散的公司所开展的大量商业活动。

（2）存在一个公开的市场，所有买方和卖方均可通过中介快速接触。

（3）数据记录可靠并且交易信息公开。

（4）人们可以获知与公司相关的所有事项及历史统计资料。

（5）所有浪级的波浪发生时，高低价格均可以通过走势图反映出来。

从1928年开始，股票交易才有了日价格变动情况的公开记录，而60分钟波动记录数据则是从1932年才开始有的。对于小浪与细浪进行研究时，特别是在变动速度很快的市场中，这些记录都是非常重要的。

波浪理论并不需要两种平均价格指数来确认和验证。每一种平均价格指数、股票板块指数、个股或者任何个人的行为，都可以用其自身的波浪运动图来进行分析。目前（1938 年），对波浪运动规律的研究已经非常深入并日趋成熟，但在应用方面，其仍处于初级阶段。

专家解读

对于人类社会而言，再没有比"凡事皆有规律"六个字更能吸引人的了，因为这体现了人类的天性——总想从纷繁芜杂的世事中找出某种内在规律，以期战胜自然。好在迄今为止人类确实发现了很多规律，几位重量级的大物理学家具有划时代意义的发现就是明证。我们的逻辑很简单，几千年的规律都可以被发现，更何况是只有几百年历史的证券市场的规律。于是，艾略特横空出世。当然，还有一个更为主要的因素，那就是人。正是因为人类自己参与了这些活动，所以这些事件才被打上了人类的烙印，进而具有了人类行为的某种规律性。

从古至今，对人类本性进行思考和反省的文章多如牛毛。大体上来说，人类行为确实存在着某种规律性，比如人的天性、本性以及大多数人遇到某件事以后会有什么反应，在这些方面心理学家已经做了诸多研究和描述。事实上，对群体行为的研究有着两类截然相反的论调：一类认为人类群体的决策和判定能力是远超单个人的，具体以詹姆斯·索罗维基（James Surowiecki）所著的《群体的智慧》（*The Wisdom of Crowds*）为代表；另一类则认为单个人可以做出优异的决策，而群体则是乌合之众，具体以法国社会学家古斯塔夫·勒庞所著的《乌合之众》（*The Crowd*）为代表。然而无论如何，大众的非理性

9

行为已经被市场认可为标准的交易综合征，所以艾略特理论的基石还是非常坚固的。因为市场是由人组成的，而人有自己的天性，所以市场是有规律的。那么探究市场行为的本质，就归结为探究人类行为的习惯。

但是虽然如此，人类对市场的预测仍然以一种近似于塔罗牌算命的闹剧方式在上演着。虽然市场每天的走势只可能会有三种——上涨、下跌或平盘，但是这场有着33%正确率的游戏却鲜少有人能始终保持正确。这就意味着预测并非是一件你越努力就越有成果的事。事实上，这和大猩猩扔飞镖射中靶心的概率差不多。艾略特试图在人类的所有行为中找出一种可以辅助预测证券市场走势的大一统理论。显然，他做到了。"波浪理论在所有人类活动中都发挥着作用"，正如他在文中所写的那样，这就是放之四海而皆准的市场运行规律。

有史以来，可以正确预测市场的有两个人：一个是江恩——以精确计算著称；另一个是艾略特——以预测宏观走势著称。当然也有试图将市场走势与国民经济的实际情况关联起来的汉密尔顿，他的多种指数相互验证的提法，在艾略特这里被认为是没有必要的。很明显，江恩认为一切皆可计算；汉密尔顿认为一切都反映在走势中，市场是国民经济的晴雨表；而艾略特则倾向于右侧判定——等市场走出了底部或者顶部才做出浪型的判定，这就极大地降低了左侧误判的风险。所以波浪理论至今仍有广泛的群众基础。而且毋庸置疑的是，即便是右侧判定，仍然能在很大程度上给在市场中交易的投资者带来福音。

无论如何，人类所有的行为皆有一定规律可循，这确实是一条颠扑不破的真理。所以，以此为依据的艾略特的波浪理论也有其客观坚实的理论基础。

第二章

什么是股市波浪

　　一轮完整的股票市场运动通常由五个浪构成。这五个浪之中，有三个浪的运动方向与主要运动方向相同，另外两个浪则在相反的方向上运动。一个浪级的五个浪，将构成下一个更大级别波浪的一个浪。

上一章讲到，人类的心理波动是有规律的，它们总是以特定数目的波浪前进并且方向明确。无论是商业、政治还是娱乐，所有的人类活动都不例外。这种现象在公众自由参与的市场的价格波动中体现得尤为突出。诸如债券、股票和大宗商品的价格走势，用波浪理论来研判与分析十分合适。本书运用股市价格波动来阐述波浪现象。书中所论述的全部原理，同样适用于其他可以记录下所有人类活动的各个领域。

一轮完整的市场运动通常由五个浪构成。为什么会是五，而不是其他的数字，这是一个宇宙之谜，我不做详细解释。通过观察不难发现，数字五在自然界的各种事物中也相当常见。以人体为例，从躯干向外有五个延伸的肢体，即头部、两条腿和两条手臂；头部又有五个延伸之处，即两只耳朵、两只眼睛和一个鼻子；每条手臂又有五个延伸之处，即我们的五个手指；而每条腿又有五个延伸之处，即五个脚趾；每个人都有五种感觉，即味觉、嗅觉、视觉、触觉以及听觉。在其他许多领域也会出现类似的现象。无论如何，对于整个社会演变趋势来讲，五个浪是最为基础的，人们不必追究其原因就可以接受此观点。

在一轮完整运动的五个浪之中，有三个浪的运动方向与主要运动方向相同，另外两个浪则向相反的方向运动。第一浪、第三浪和第五浪是向上的推动，我们称之为驱动浪；第二浪与第四浪向下或调整推动，我们称之为调整浪。换句话说，以奇数表示的波浪延主方向运行；以偶数表示的波浪的运行方向则与主方向相反，如图 1 所示。

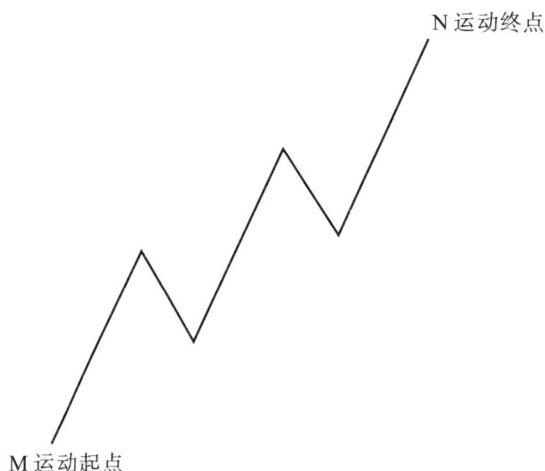

N 运动终点

M 运动起点

图1

    同一级别上的五个浪，将构成更大级别波浪运动的一个浪。在图1中，市场从 M 点运行至 N 点，走出了五个浪。然而在图 2 中，M 至 N 点的运动，只不过属于 M 至 R 的一轮五浪运动（更大级别的波浪运动）的第一浪而已。依此类推，M 至 R 的运动也只是另一个更大级别波浪运动的一个浪。

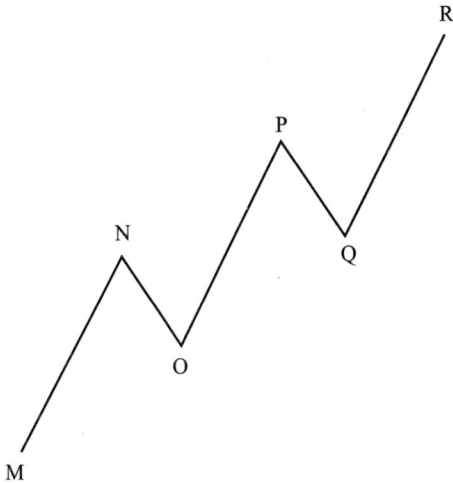

图2

专家解读

　　无论你信奉《群体的智慧》还是推崇《乌合之众》，都可以做出自己针对市场的研判。根据当代金融理论的主流市场分析中"大多数人总是错的"这条研判来看，与乌合之众背道而驰似乎是正确的方向。诸多当代投资大师们也都以站在大众的对立面而自居，所以"众人贪婪时我恐惧"这样的投资箴言才会有着广泛的受众，这就将问题归结为——谁是众人。可是在众声喧哗的今天，判定谁代表了众人确实是一项极其艰难的任务。

　　如果你已经看过了当今比较流行的《缠论》，那么读到本章时你一定对艾略特的五浪图有恍若隔世的感觉，事实上缠师是有着很深厚的波浪理论基础的。初看艾略特的波浪你会觉得很简单，事实上现在人们所研习的波浪理论已经远比这里的较为笼统直观的表述复杂得多。

　　下面我以主力的运作方式为例来对五浪进行描述。

　　第一浪是主力建仓而引起的涨势。第二浪的发生则是由于主力建仓完毕之后对筹码稳定性的检测，俗称震仓。第三浪是主升浪，主力开始锁仓或者滚仓拉升股价，无论是哪一种方法，其目的都很明确，就是飞快地让整个市场的持股成本远离自己的建仓区域，一般主力在此浪获利最为明显。第四浪是主力认为已经可以出货的价位，开始试探性地出货，借以探测市场的反应，此时整体上进少出多，所以市场呈现下跌趋势。第五浪是最后的疯狂，成交量急剧放大，股价也创出新高，在混乱中主力大肆出货，直至清空。当然也有出货不顺利，市场配合不好等情况出现。此时，仍然没有全身而退的主力会顺势打压价格，并在距离前期高点不太远的地方横盘整理一段时间，然后再伺机拉升或者打压出货。

你可能注意到艾略特在一开始的五浪表述中并没有特别讲明各个浪的长短，而示意图中则使用了大致相等的长度来进行描述。在分析五浪来历的时候艾略特的论述也稍显单薄，简单地从人的躯体的五个延伸来建立理论确实难以令人信服。但是倘若我们从人类社会基本事件的一般过程来描述，可能更为形象和贴切。比如，轰轰烈烈的朝代更迭，一开始总是民怨沸腾，各地民众纷纷揭竿而起，但是此时的事件脉络是不清晰的，组织是不严密的，方向是不明确的，人们还没有拧成一股绳。此时只有少数先知先觉的人积极参与——这就是第一浪。后来在当权者的镇压之下革命风潮暂时告一段落，进入怀疑期和相对低潮期——这就是第二浪。接着反对者组成了联盟，组织清晰、责权明确，于是革命开始磅礴开展——这就是第三浪，也是普通民众融入到轰轰烈烈的革命斗争的洪流中的时刻。此时最关键的胜负因素开始出现了，当权者和革命派进行白热化的你死我活的斗争。如果前者胜利，此时的上涨五浪就不成立，变成下跌反弹三浪（abc）的b浪，后面还有更大的 c 浪等着，也就是当权者对革命派的大清算；如果后者胜利，很明显此时的白热化斗争就是上涨五浪中的第四浪，暂时修正，然后取得全面胜利，最终革命者当权建立全新的王朝——第五浪到来。

如果用以上事例来表述证券市场的五浪也并无丝毫的违和感。事实上正是如此，凡是有人类参与的社会活动，都会经历开始、犹疑、兴盛、挫折、成功这样的五个阶段。

第三章

波浪的识别

在上升浪中，主方向上的波浪，由五个更小级别的波浪组成；而反方向上的浪，则由三个更小级别的波浪组成。一轮完整的五浪运动通常是倾斜向上发展的。在市场走完浪2后便可以画出运行通道，进而确定一轮市场运动的终点。

在前文中，我们只是大致介绍了股票市场价格的波浪运动，其要点包括：一轮完整的市场运动由五个浪构成；同一级别的五个浪，会构成下一个更大级别波浪运动的一个浪。在本章，我们将介绍波浪运动的另一个基本特点——奇数浪与偶数浪的差别。

如前所述，浪 1、浪 3 和浪 5 与主方向运行方向相同，而浪 2 和浪 4 与主方向运行方向相反。浪 2 是对浪 1 的回调，浪 4 是对浪 3 的回调。主方向上的浪与相反方向上的浪之间的区别在于，前者可以分解成更小级别的五个浪，而后者则只能分解成更小级别的三个浪。我们可以用图 3 表示之前讨论的 M 至 N 的波浪运动。

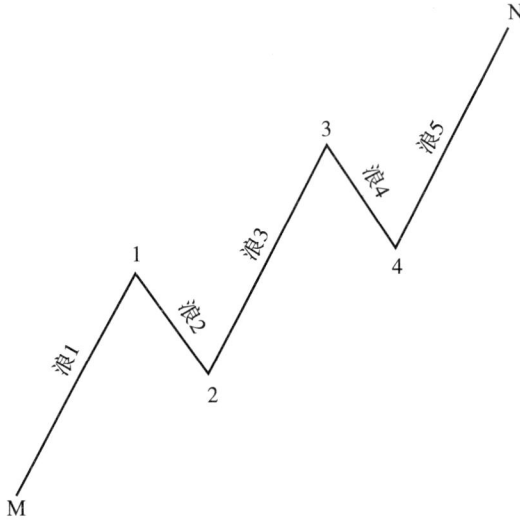

图3

　　图 3 所示的这一轮波浪运动可以进一步细分为更小级别的波浪（如图 4 所示）。我们注意到，在图 4 中，第二浪（点 1 到点 2）与第四浪（点 3 到点 4）都是由三个更小级别的波浪组成，而第一浪、第三浪和第五浪则都是由五个更小级别的波浪组成。从图 4 中我们可以总结出以下基本规律。

　　（1）主运动方向上的波浪或者说奇数浪，是由五个更小级别的波浪构成的。

　　（2）调整浪或者说与主运动方向相反的偶数浪，是由三个更小级别的波浪构成的。

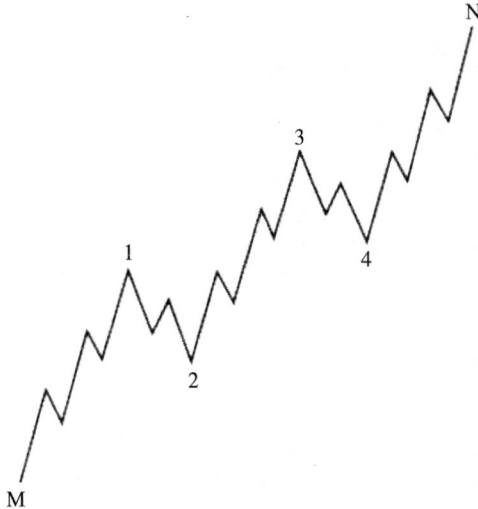

图 4

　　为了进一步理解这些基本规律，我们来具体分析一下图 4 中点 1
到点 2 的波浪运动。这是完整五浪运动中（从 M 到 N）的第二浪，很
明显，作为一个调整浪，它由三个更小级别的波浪组成。如果再进一
步把这三个浪单独拿出来分别进行分析，按照波浪运动的基本规律，
在点 1 到点 2 的运动过程中，又会形成奇数浪（a 浪和 c 浪），它们与
点 1 到点 2 这段调整运动的主要运动方向一致，因此还可以再拆分为
五个更小级别的子浪；而 b 浪（偶数浪）则是与点 1 到点 2 这段调整
运动方向相反的浪，因此可以拆分为三个更小级别的子浪，b 浪是点 1
到点 2 这段市场运动的调整浪，如图 5 所示。

25

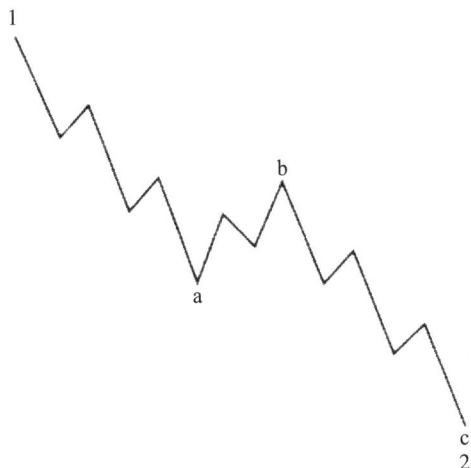

图 5

为方便后面的论述，我们设定，在一轮波浪运动中，奇数浪被称为基本浪（或驱动浪），偶数浪被称为调整浪。同时我们不要忘记，每个驱动浪都包括更小级别的五个波浪，而每个调整浪都包括更小级别的三个波浪。下面是关于波浪理论的其他一些规则和有趣之处。

波浪运动规律可以用来分析股价指数，比如道琼斯指数、标准统计指数、纽约时报指数等；也可以用来分析股票板块，比如钢铁板块、铜业板块、纺织板块等；还可以用来分析个股。在研究个股时，我们会发现，在一只股票的价格上涨时，其他股票的价格可能正在下跌或调整。但无论何时，大多数个股都会遵循平均价格指数或者大盘的运动模式，按照波浪运动的规律变化。在一个股票市场中，平均价格指数覆盖的股票越多,其走出的波浪形态也会越完备。

每个波浪的波幅和持续时间都可能是不一样的,因为很多因素都会影响一个五浪组成的完整的市场运动。不过,一轮由驱动浪(浪1、浪3和浪5)和调整浪(浪2和浪4)组成的价格运动,会通过自己的方式来适应当下的市场形势。在整个波浪运动走完之前,人们通常很难认识到影响该轮波浪运动的基本因素。虽然如此,在波浪前进的过程中发布的各类消息,对于人们还是有着普遍的影响力,这些消息会影响每一浪的波幅和持续时间。

通常来说,浪3会比浪1高,而浪5会比浪3高。同理,浪4的回调不会达到浪2的水平,浪2的调整幅度也很少会超过浪1的涨幅,浪4的调整幅度很少会超过浪3的涨幅。这样可以推断出,从走势上来看,一轮完整的五浪运动通常是倾斜向上发展的,如图6所示。

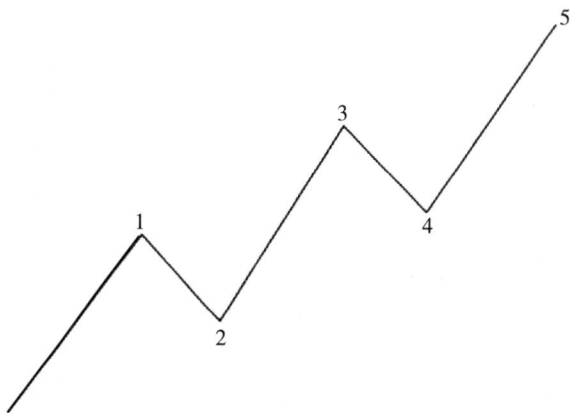

图6

　　要想准确地把握一轮波浪运动走势，并分清其中的各个波浪，我们需要了解波浪运动的另一个基本假设：市场通常都会在一个由两条平行直线构成的通道中运行。在文具店里可以买到平行尺，我们用平行尺可以很方便地画出市场运行的通道。

　　当浪 1 和浪 2 走完之后，我们就可以开始画市场运行的通道了。在图 7 中，浪 1 与浪 2 走完之后，市场出现三个明显的拐点。第一个凸出的拐点是浪 1 的起点；第二个凸出的拐点是浪 1 的终点，同时也是浪 2 的起点；第三个凸出的拐点是浪 2 的终点。为便于讲解，我们把这些拐点以 M 点、N 点和 O 点标出。在画通道时，首先要连接 M 点和 O 点画出一条基准线，然后过 N 点画出一条平行于基准线的直线，这条直线被称为上通道线。将上通道线斜向上延长到 N 点的右侧。基准线和上通道线构成的市场运行通道，如图 8 和图 9 所示。

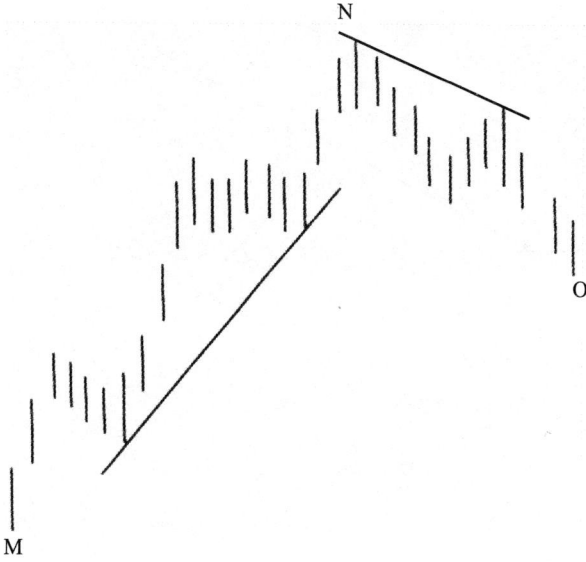

图7

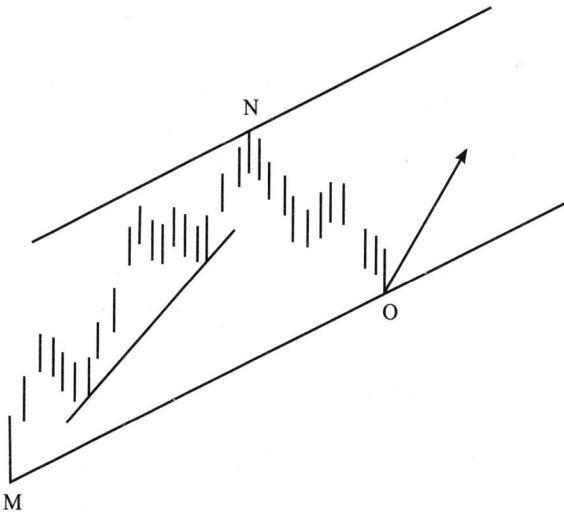

图8

29

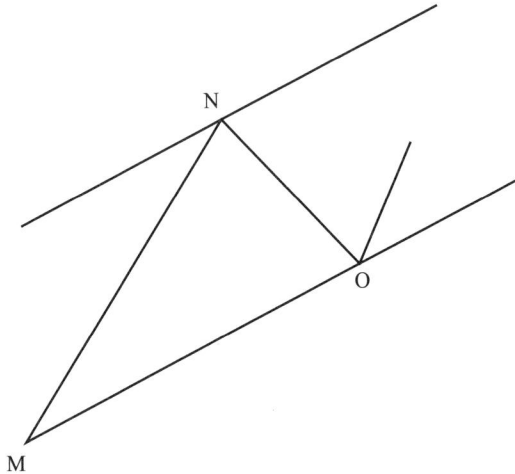

图 9

通常来说，浪 3 会止步于上通道线附近。如果浪 3 的运行穿过了上通道线，则说明市场运动暂时处于强势；如果浪 3 未达到上通道线就结束了，则说明市场暂时处于弱势。无论结果怎样，在浪 3 运行结束之后，我们都应该放弃旧通道，绘制新的市场运行通道。在绘制新通道时，我们先连接 N 点和 P 点（浪 1 和浪 3 的终点）画出一条上通道线。然后，经过 O 点，画出一条平行于上通道线的直线作为基准线。浪 4 应该就在这条基准线附近结束。图 10 中的虚线和实线分别代表旧通道（或称为废弃通道）和新通道。显然，如果浪 3 正好在经过 N 点的旧的上通道线上结束，则新通道与旧通道是重合的。

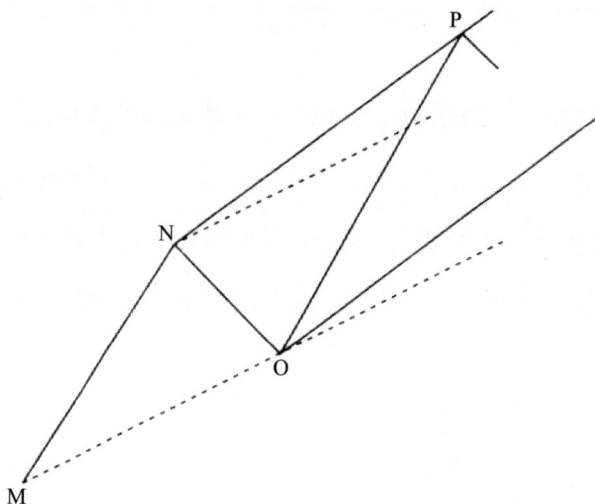

图 10

当浪 4 的运行结束时，无论它是刚好踩到新的基准线上，还是落在新基准线上方或下方，我们都可以画出完整波浪运动的通道。这个完整波浪运动的通道非常重要，因为我们要据此确定浪 5——也就是最后一浪结束的位置。这个浪结束的位置决定着投资者该何时平仓，也决定着他们的盈利多少。最终通道的画法如下。

首先，连接浪 2 终点 O 点以及浪 4 终点 Q 点画一条直线，这是基准线。接下来，经过浪 3 的终点 P 点，画一条平行于基准线的直线，这是上通道线，如图 11 所示。为了图解清晰，前图中的第一条和第二条旧通道已经被抹去了。浪 5 通常会在这条上通道线附近结束。因为浪5非常重要，所以本书在后续波浪特点的讨论中会更加深入地论述这部分内容。

　　浪5结束时，市场往往会出现一轮下跌运动或者叫作调整。这个调整的幅度，要比之前谈到的那些调整浪大。这个调整浪，也是一个更大级别波浪运动的浪2；而先前一轮的五浪，可以被看作是下一轮更大级别波浪运动的浪1。同理，我们可以从浪2的终点开始，对更大级别的波浪进行通道分析。

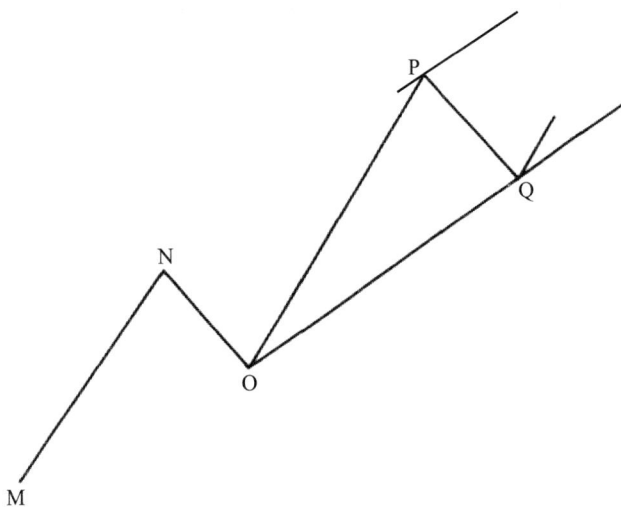

图 11

专家解读

为了对波浪进行更为具体的描述和分析，本章进行的探索很有必要。其实这些特性和缠论中的"自同构"颇有相似之处。凡是上升浪中的每一个子浪，又都可以表述成完整的上升五浪结构。同理，下跌三浪的每一个小浪又可以细分为一个更小级别的下跌三浪。你或许会发现，经典理论的很多原理都是高度相似的。当然，前面这些表述主要用于趋势上涨图，如果是趋势下跌图，则上涨仅有三浪，而下跌则是五浪。

无论如何，要确定上涨或下跌趋势对投资者来说还是非常容易的，所以应用起来困难应该不大。那么现在的问题便归结为如何确定走势的高低点，是以收盘价为准，还是以最高最低价为准？

本章中，艾略特对基本上升五浪的涨幅做了一个大致的交代，即"浪3会比浪1高，而浪5会比浪3高。同理，浪4的回调不会达到浪2的水平"。虽然整体的意思已经相当明确，但是怕我们还是不够明白，作者还对整体浪型一直运行在某一大的平行尺范围之内做了一个交代。他进一步告诉我们，完整上升五浪的运行，一定会在上升通道中完成（也可能会稍有变化，但是往往是上涨角度的提升）。需要恶补上升通道的读者可仔细研究一下本章的图9和图10。

　　至此，对基本的波浪形态，作者已经交代清楚，可是有的读者会问，整理时期的浪型呢？或许如果真的要细分，也可以从目前的很多研究中发现整理浪型的分析，但是由于它既不属于上升五浪，也不属于下跌三浪，所以对各种细分浪型的表述会难煞很多人。我倾向于认为波浪理论本来就是专门研究趋势的，对于整理或没有趋势的走势形态，完全没有必要使用波浪理论来进行分析。也就是说，企图使用某一种理论对证券市场的走势进行一个大一统的终极说明，是不大可能的，因为证券市场完全可以用任何组合来表达自己。

第四章

波浪理论的术语

　　波浪的名称包括次微浪、微浪、细浪、小浪、中浪、大浪、循环浪、超级循环浪、特大超级循环浪，级别由小到大排列，一个级别的五浪将会构成一个更大级别波浪运动的一个浪。每个级别的波浪都有对应的符号。

在对股市（或者人类其他活动）的波浪运动进行分类时，设定一套概念的命名规则非常重要。通过不同的术语表述，我们可以区分不同的波浪。为了保持一致性，本章界定的各种级别的波浪的名称，会用于全书的论述中。市场趋势的研究者也可以把这些术语应用于自己的分析和研究之中。下面我将列出这些不同级别的波浪的名称，遵循的规则是：级别由小到大排列，一个级别的五浪将会构成一个更大级别波浪运动的一个浪。比如，五个次微浪组成了微浪中的一个浪，而五个微浪又构成了细浪中的一个浪，以此类推。各个级别的波浪排列如下。

次微浪	（Sub-Minuette）
微浪	（Minuette）
细浪	（Minute）
小浪	（Minor）
中浪	（Intermediate）
大浪	（Primary）
循环浪	（Cycle）
超级循环浪	（Super cycle）
特大超级循环浪	（Grand super cycle）

为了避免在市场波浪运动图上标注时产生混淆，使每一个级别中的波浪都能与其他级别中的类似波浪区分开，我为上面所列的各种波浪设定如表1所示的代表符号。

表1

浪级	符号	备注
次微浪	a—e	小写字母
微浪	A—E	大写字母
细浪	1—5	阿拉伯数字
小浪	I—V	罗马数字
中浪	Ⓘ—Ⓥ	单圈罗马数字
大浪	ⓘ—ⓥ	双圈罗马数字

（续表）

浪级	符号	备注
循环浪	c I —c V	前置"c"
超级循环浪	sc I —sc V	前置"sc"
特大超级循环浪	gsc I —gsc V	前置"gsc"

读到这里，你暂时还不需要把这些波浪的命名规则和代表符号全都背下来。但是对股价波浪运动的研究越深入，你会发现它们越有用。

1857 年，一个特大超级循环浪在美国股市中形成。1857 年至 1928 年，是这个特大超级循环浪的第一浪。这轮特大超级循环浪的第二浪，也就是紧随第一浪的调整浪，从 1928 年 11 月开始，一直到 1932 年才结束。1932 年，这轮特大超级循环浪的第三浪开始启动，至今（1938 年）已运行多年。

虽然 1857 年至 1928 年被我称为一个特大超级循环浪的第一浪，但它也很有可能是第三浪或第五浪。因为 1854 年至 1857 年曾出现一次类似于 1929 年至 1932 年的大萧条，二者在持续时间上非常相似。

从 1857 年至 1928 年的上涨，作为一轮特大超级循环浪中的第一浪，又可以分为五个超级循环浪。这五个浪共同构成了一轮完整的超级循环浪运动，其具体运行过程如图 12 所示。

工业股价格，埃克斯-霍顿指数

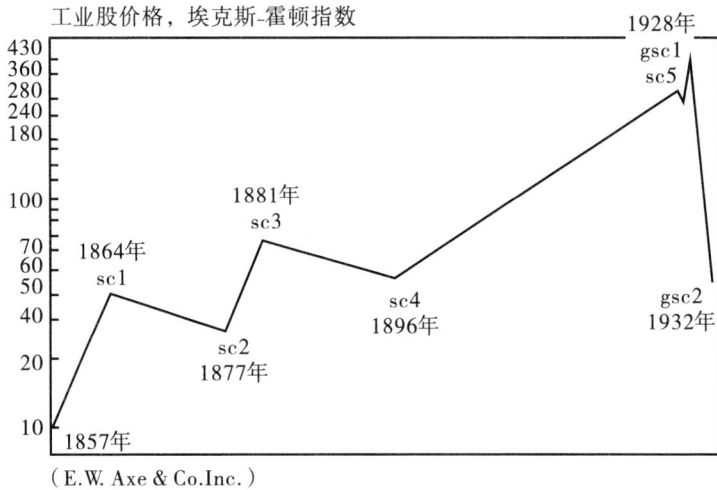

（E.W. Axe & Co.Inc.）

图 12

1857—1864 年，超级循环浪的第一浪；

1864—1877 年，超级循环浪的调整浪（第二浪）；

1877—1881 年，超级循环浪的第三浪；

1881—1896 年，超级循环浪的调整浪（第四浪）；

1896—1928 年，超级循环浪的第五浪。

埃克斯-霍顿指数是能够让我们回顾观察特大超级循环浪唯一的数据记录，它详细记录了 1854 年至今（1938 年）的股市价格变化。

现在，让我们把超级循环浪的第五浪进一步拆解为五个更小级别的波浪加以说明。这一波浪运动从 1896 年持续到 1928 年。按照本章开头设定的规则，我称它们为循环浪，如图 13 所示。

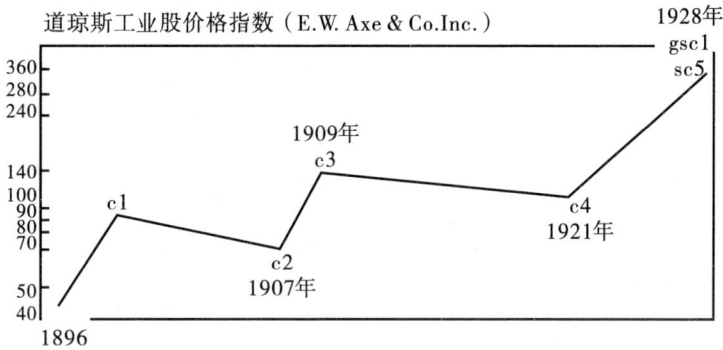

道琼斯工业股价格指数（E.W. Axe & Co.Inc.）

图 13

1896—1899 年，循环浪的浪 1；

1899—1907 年，循环浪的调整浪（浪 2）；

1907—1909 年，循环浪的浪 3；

1909—1921 年，循环浪的调整浪（浪 4）；

1921—1928 年，循环浪的浪 5。

循环浪的第五浪——1921 年至 1928 年的波浪，可以被拆解为五个小一级别的波浪——大浪，如图 14 所示。

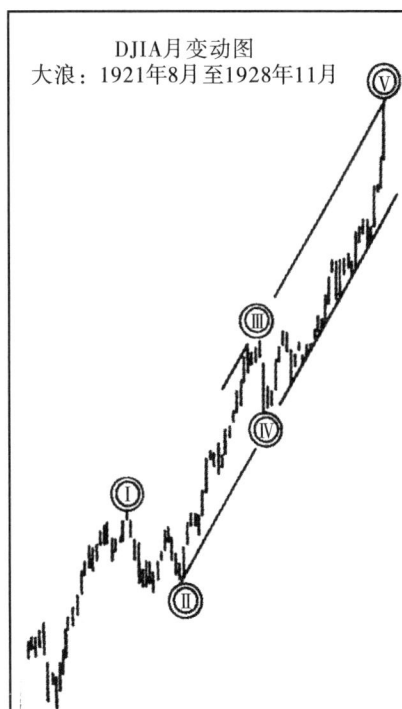

图14

1921 年 6 月至 1923 年 3 月，大浪的第一浪；

1923 年 3 月至 1924 年 5 月，大浪的调整浪（第二浪）；

1924 年 5 月至 1925 年 11 月，大浪的第三浪；

1925 年 11 月至 1926 年 3 月，大浪的调整浪（第四浪）；

1926 年 3 月至 1928 年 11 月，大浪的第五浪。

以同样的方式，1921 年 6 月至 1928 年的每一个大浪，又能够进一步被拆解成五个中浪，而每一个中浪又能够被拆解成五个小浪。通过这样逐级细分，股市价格运动的绝大多数变化都能够被准确地识别并纳入到波浪运动的模型中来。

1928年11月28日，道琼斯工业股平均指数达到了295.62点，这时第一个特大超级循环浪中的第五个超级循环浪中的第五个循环浪中的第五个大浪中的第五个中浪走完。这说明，那些以十年、年、月、周、日、小时为周期，按波浪运动原理研究股市规律的人，在过去几十年市场运行的大趋势中的每一个阶段都不会感到迷惑。在推算牛市终结的时间方面，运用波浪理论，人们不仅可以算出年、月，甚至可以预测到日和小时。我们可以从超级循环浪开始，逐步向下分解直至最小的浪级。股市在到达顶点之前，一定会走完每一个浪级的第五浪。1928年11月，平均指数的延长的第五小浪结束；1928年12月平均指数出现了一次向下调整，这是市场趋势即将反转的重要信号。

我们注意到，超级循环浪的第五浪是在1928年11月（即理论意义上的市场顶部）结束的，而不是1929年9月出现的最高点。我们需要注意图15中的如下关键点。

（1）从1928年11月至12月，指数走出了下跌的浪A。

（2）从1928年12月至1929年9月，指数走出了不规则调整的浪B（三个小浪形成的一波上涨）。

（3）从1929年9月至1932年7月，指数走出了浪C。浪C可以进一步细分为五个下降的波浪。这个不规则的顶部预示着市场要走出一段快速的大幅下跌行情。

同样的不规则调整出现在 1937 年 8 月的市场顶部。这种不规则的市场顶部运动，将在下一章有关"调整浪"的内容中详细讲解。

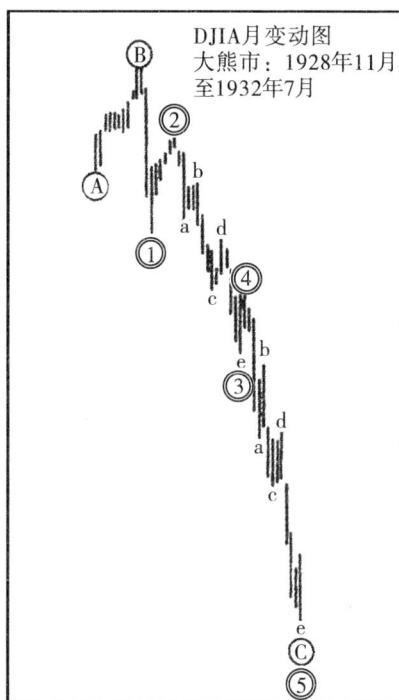

图 15

专家解读

现在是时候为这么多的主浪和子浪，甚至更多的细分浪命名了。这实在是一项令人头疼的工作，单是记住本章开头表格的阿拉伯数字、英文字母、罗马数字和圈数等符号，就仿佛又将你领进了高中物理课。建立这样繁巨的命名体系，当然是为了对实际的指数（尤其是 1929 年）的走势进行条理清晰的划分，这样才能彰显波浪理论的高明之处。本书的作者艾略特具体划分了三个特殊时期的波浪细分走势，确实完美地解析了当时的具体情况。至此，如果说读者还对波浪理论心存疑虑的话，那一定是对每个浪的具体幅度计算的疑问。

细心的读者会发现，真实指数走势中的波浪形态和教科书上标准的简述形态颇为不同。简图中往往以右上方大约 45 度角展示的上升主浪，在现实中可能只有不足 20 度；而以右下方约 45 度角展示的下跌主浪，在现实生活中可能有 80 度。这会让人有"知道它下跌，不知道它这样下跌"的感觉。指数确实在很多时候表现得不那么友好，尤其是在投机气氛盛行的时期。当然，有时我们会得出上涨大于 45 度或下跌低于 30 度的预期，现实走势中也确实存在这样的时刻。事实上，市场中会出现任何一种可能的走势。

本书作者在分析 1929 年的暴跌时精确地指出，真正的头部早在

1928 年 11 月 28 日就已经形成，这就给了学习波浪理论的读者一个非常确定性的信息，波浪理论可以准确地研判市场的顶部和底部发生的时间区域。当然事先可能并不确定，但是即便是形态走出来之后的确认，也足以让交易者在整个趋势交易中游刃有余。虽然波浪理论在浪的幅度计算上考虑得略有欠缺，但是对市场的顶部和底部的准确研判，对人类非理性狂热行为极值的预测，仍然具有里程碑式的历史意义。至于更多的细分浪型的命名及定义，如果它们不足以影响到你的操作，那么不细化到次微浪的程度也可以。

第五章

波浪的特征

　　第五浪结束时，市场趋势将会发生反转，向相反方向展开相似级别的调整，所以这一点是投资者将股票清仓的绝好时点。同时，还有其他一些影响波浪结束时点的因素，如调整浪、延长浪、延长浪中的延长浪、不规则调整浪、失败浪等。

在前面的论述中，我对五浪现象进行了简要的说明。在本章，我将进一步关注波浪运动的细节，以便使研究者们可以全面掌握波浪理论，在股票市场以及人类活动的其他领域更加得心应手地使用这一分析工具。

第五浪结束的时点是股票投资者和投机者都特别关注的问题，因为在这个关键的节点之后，市场趋势将会转向，向相反方向展开相似级别的调整。从股价波浪运动的时间周期来看，无论是持续数月的中浪、还是持续数年的大浪，都会在其第五浪结束之后，出现类似规模的反向调整。当预测到一轮波浪运动走到终点时，我们就会将手中的股票清仓。从中我们还可以看出，推测出一轮调整结束的时点也非常重要。因为建仓买入的机会会随着这个时点一起到来。在本章随后的段落中，我将详细研究第五浪以及调整浪的运行特点，同时也会简要介绍影响波浪结束时点的一些其他因素。

第五浪

在判断股价波浪运动的终点时，我们应当牢记：一轮波浪运动结束之前，市场一定会走完更小级别的五个浪。由此可知，这种更小级别的每个波浪，也将由其下一级别的五个浪构成。比如，第五小浪应当结束于第五细浪，第五细浪应当结束于第五微浪，第五微浪应当结束于第五次微浪。图16便说明了这个原理：第五小浪被分为五个微浪，而第五微浪被分为五个次微浪。

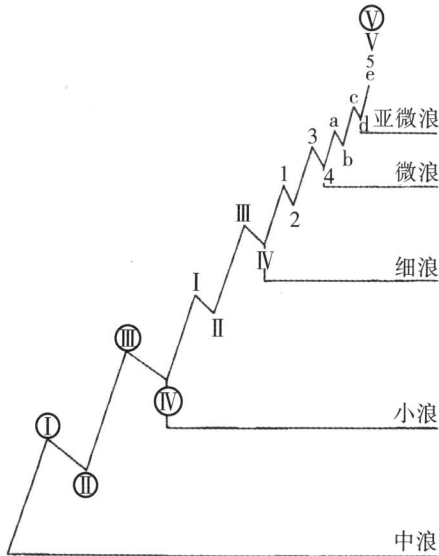

图16

一轮波浪运动的第五浪，尤其是像中浪或者中浪以上级别波浪的第五浪，一般会突破市场的上通道线（本书第三章详细讨论了上通道线的内容），它是通过第二浪、第三浪和第四浪的终点绘制而成的两条平行直线，如图 17 所示。

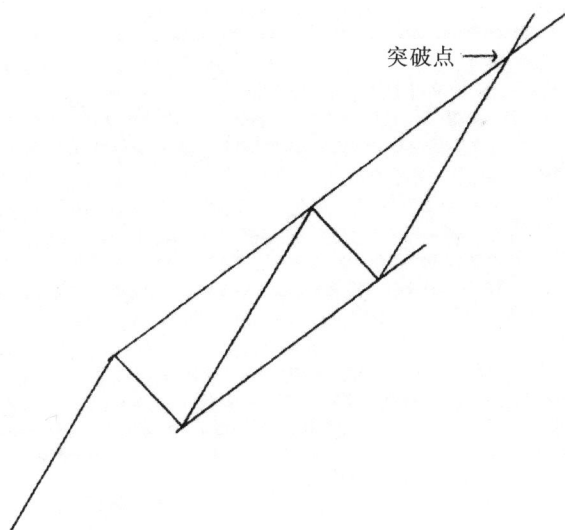

图 17

当股价突破上通道线时，成交量通常会明显放大。假如突破上通道线的行为发生在一轮大浪运动的第五浪，则成交量更是会异常地放大。任何级别的第五浪，如果不能突破其上通道线并且价格出现了回落，那么这预示着市场即将走软，而它所预示的调整幅度，取决于波浪的级别。有时在突破点附近，第五浪不会很快结束，而且在第五浪启动之前，第四浪已经开始变得平缓，如图 18 所示。

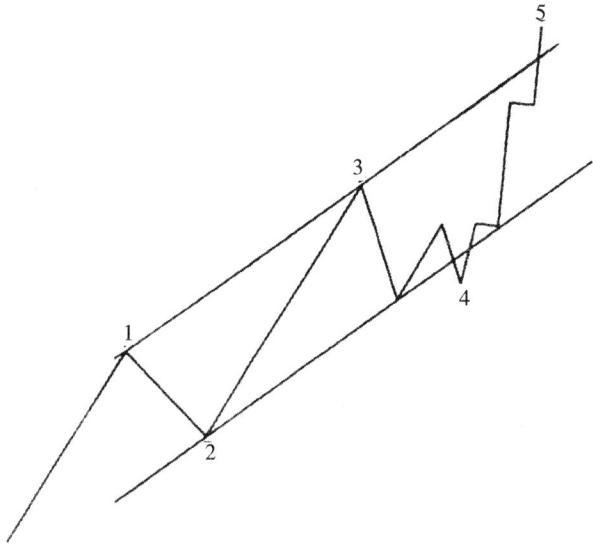

图18

在确定突破位置时，我建议最好使用对数比率图对指数或者个股的周线图进行分析，而在日线或 60 分钟线中，则建议使用算术比率图进行分析。在大浪和大浪以上级别的波浪运动的顶部，用算术比率图更容易发现突破；相反，在这种级别的波浪运动的底部，使用对数比率图更容易发现突破。在上述两种情形之下，算术比率往往更具有欺骗性，通常会有 30 点甚至更大的偏差。为了更清晰地说明上述观点，我们用图 19 展示了 1929—1932 年道琼斯工业股平均指数的月线走势图，该图分别按照对数比率和算术比率两种尺度绘制。

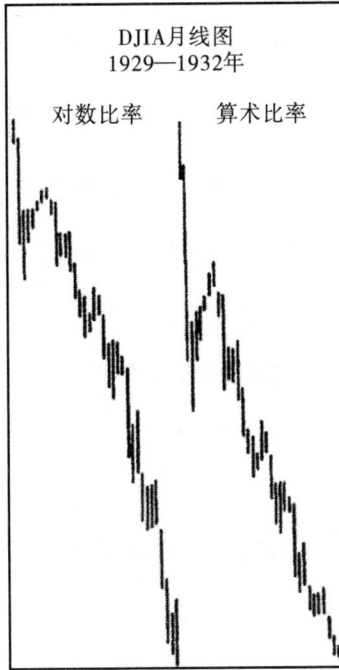

图 19

　　第五浪有时会扩大或延伸，本书将这种情况定义为延长浪。这种第五浪并不预示着以它作为最后阶段的一轮完整波浪的结束，市场接下来会出现四个小一级别的波浪，也就是说，第五浪已被简单地分为五个浪。第五浪的延长通常是市场超级强势的重要特征（相应地，向下延伸的第五浪是市场超弱的重要特征）。第五浪向上延伸的典型例证是 1921 年至 1928 年的向上运动，这是市场 72 年以来一轮大的上升趋势的顶点。

调整浪

尽管波浪理论的表述简明易懂，在市场预测方面也很有效，但仍然难免有一些细节问题会令研究者们感到困惑，特别是在研究波浪的形成过程时。要清楚地解释这些细节之处，最好的办法是将它们绘制在走势图上。下面的走势图给出的这些例子，对于学习波浪理论来说是非常完美的典范，但是，研究者应当明白，现实世界里波浪运动的实际形态远不是这么简单。

调整浪通常由三个浪构成，一般可以被分为四大类。但是在调整浪的形成过程中，我们很难准确预测其具体形态和波动幅度。待到调整浪走完时，其形态将会对随后的波浪强度产生重要的预警作用。在图 20 至图 23 中，展示的是一些级别较小的调整浪，所有浪级的形态轮廓都大致相同。在图 24 至图 26 中，展示的图形与上述调整浪形态相同，但浪级更大。在图 27 至图 29 中，展示的图形与上述调整浪形态相同，但这种更大级别的调整浪一般出现在中浪和大浪之中。

之字形调整

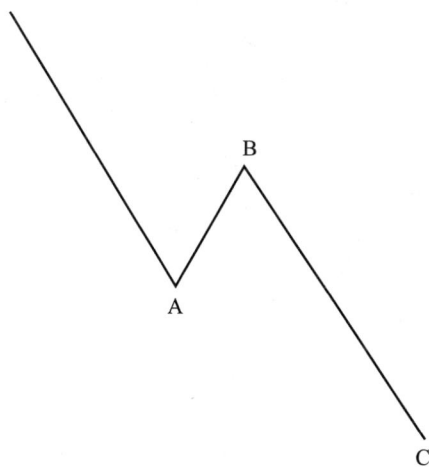

图 20

平台形调整

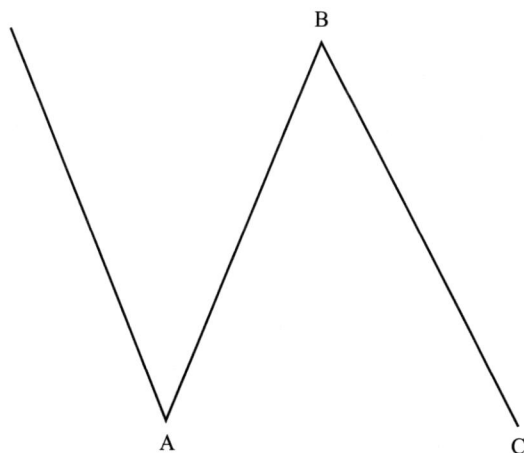

图 21

不规则形调整（1）

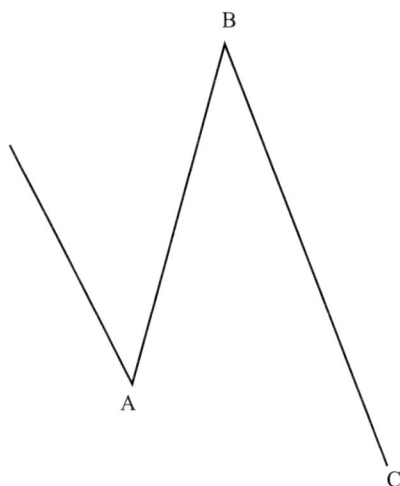

图 22

不规则形调整（2）

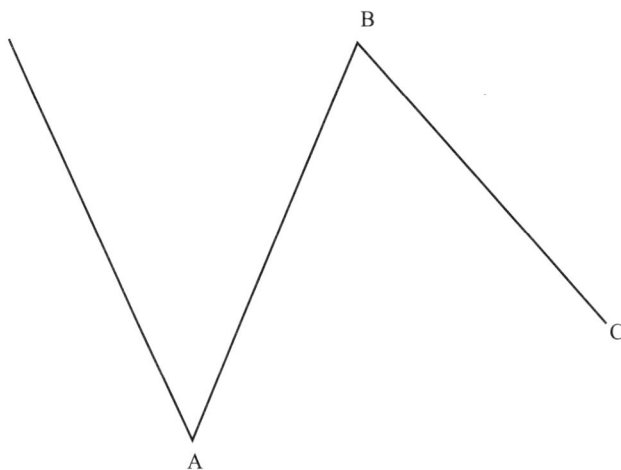

图 23

之字形调整

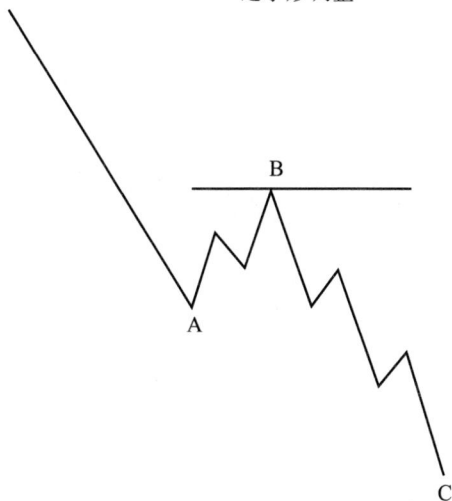

图 24

平台形调整

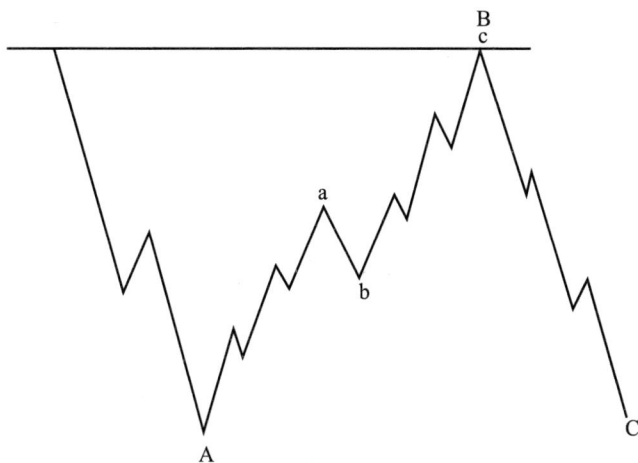

图 25

57

不规则形调整

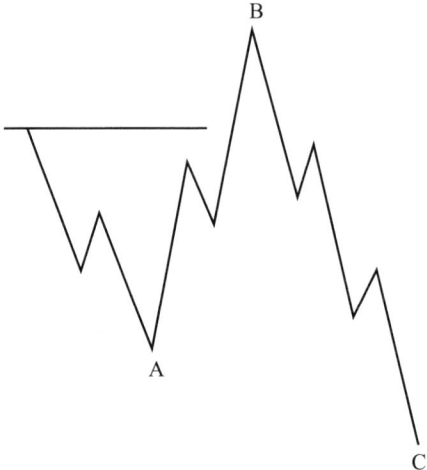

图 26

之字形调整

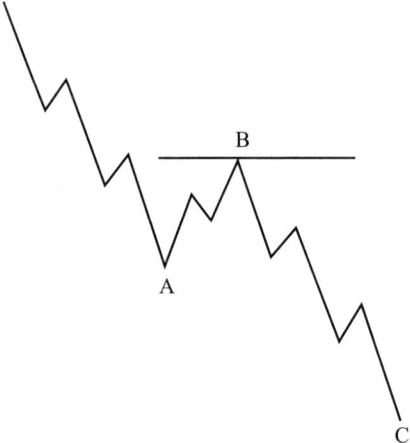

图 27

平台形调整

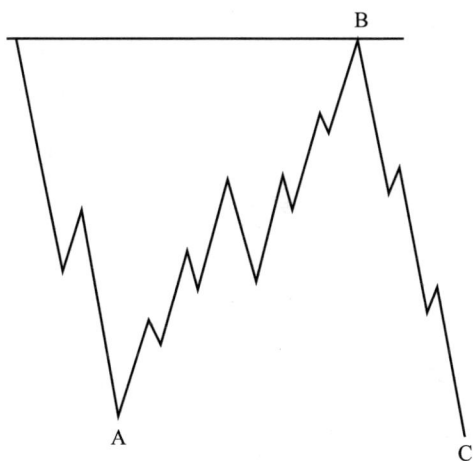

图 28

不规则形调整

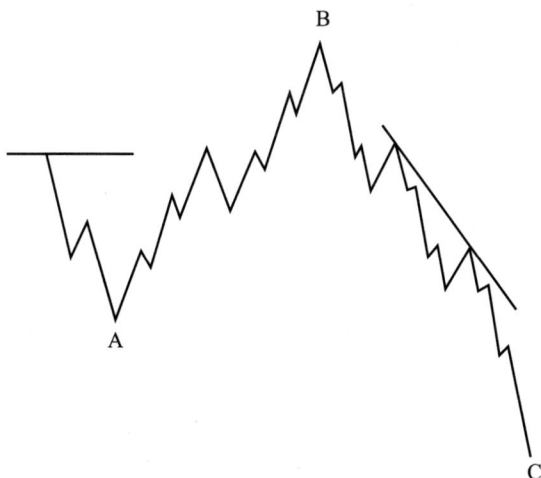

图 29

延长浪

在三个驱动浪（浪1、浪3和浪5）之中，任何一个浪都可能会出现延长浪，但两个或两个以上驱动浪同时出现延长浪的情况极为少见。更多的时候，延长浪会出现在第五浪，如图30所示。

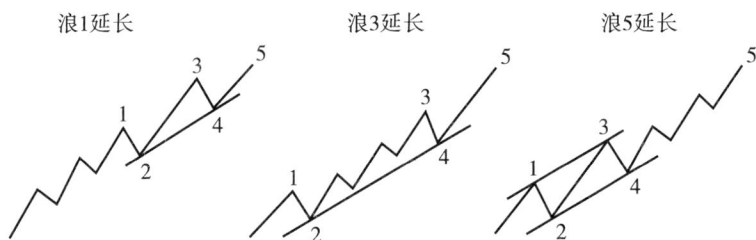

浪1延长　　　　　　浪3延长　　　　　　浪5延长

图30

延长浪中的延长浪

对于延长浪中的延长浪，前面所讲的延长浪的运动规律依然适用。图31所示的是延长浪中的延长浪的标准形态，以及延长浪中的延长浪的三种不同情况。

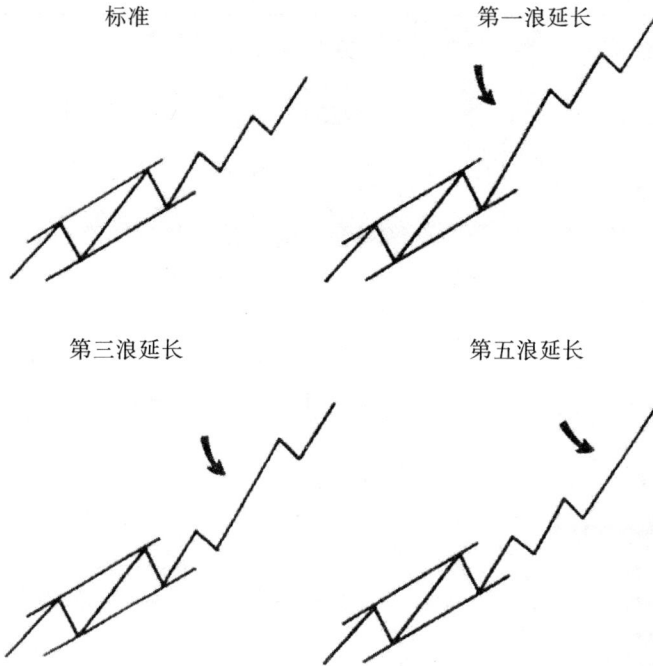

标准

第一浪延长

第三浪延长

第五浪延长

图 31

延长浪后的市场表现

透彻理解延长浪的内涵非常重要。到目前为止，延长浪对市场走势预测的影响还未被确定，或许这种影响由于某种原因并不存在。不过，只要我们记住延长浪之后的市场走势规律，就可以避免损失、获得收益。这些规律具体包括如下几点。

（1）延长浪的出现，为当前级别的波浪运动开辟了新的区域。

（2）延长浪之后，通常会出现两次反转。

（3）第一次反转会在延长浪之后立即出现，以三浪的方式运行到延长浪起点的水平（这是延长浪的第二浪）。

（4）第二次反转会与市场的大方向一致，并且通常会超过延长浪的幅度。

（5）当延长浪出现时，如果第五大浪恰好在这时走完（市场将在这里出现重大的反转），那么按照两次反转的规律，第一次和第二次反转就构成了一个不规则调整浪的浪 A 和浪 B，而且由向下的五个浪构成的浪 C 也将接踵而至，快速向下杀跌，很可能一路下跌至先前上涨的那一轮波浪运动的第五大浪的起点附近。在现实走势中，这种特殊情形的调整浪并不多见，我所见过的唯一的一次出现在 20 世纪 20 年代末。1928 年 11 月，股价开始下跌，继而反弹至 1929 年 9 月，然后再次杀跌至 1932 年（见图 15）。

（6）延长浪偶尔会以相似的运行方式出现在熊市之中。这方面的最好实例是在 1937 年 10 月出现的延长浪。

（7）延长浪永远不会是一轮波浪运动的终点。这并不是说，没有延长浪市场就不会创出新高或新低。

（8）我们所说的两次反转，指的是市场走势两次经过相同的一段点位。比如，一段趋势展开回调，继而又恢复反弹就是一个双重反转。

假如市场在一段下跌之中出现向下的延长浪，而此时交易者正持有多头头寸，他就不应该立刻卖出。这是因为，在试探更低的价格水平之前，市场会很快以三浪的形式展开回调。

我对市场曾经出现过的重要的延长浪做了总结，具体如表2所示。

表2

道琼斯工业股平均指数向上	道琼斯工业股平均指数向下	道琼斯铁路股平均指数向上
1925 年 7 月—11 月	1929 年 11 月	1936 年 2 月
1928 年 10 月—11 月	1937 年 10 月	
1933 年 7 月		
1936 年 3 月		

第一次反转会很快以三浪的方式走出，而第二次反转也不会运行太长的时间，它最终会在当前的波浪循环之中结束。延长浪的形态及其双重反转如图32所示。

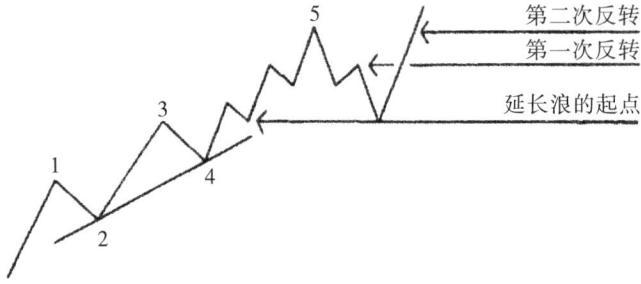

图 32

不规则调整浪

我们在前面已经介绍过调整浪的实例，但是并没有把它作为整体波浪运动的一部分来系统地加以说明。图 33 和图 34 展示的是在完整波浪运动的过程中出现调整浪的实例。我们用字母 A、B 和 C 表示不规则调整运动中的浪 1、浪 2 和浪 3。我们可以看到，调整浪的 B 点超过了前一轮波浪运动的顶部。

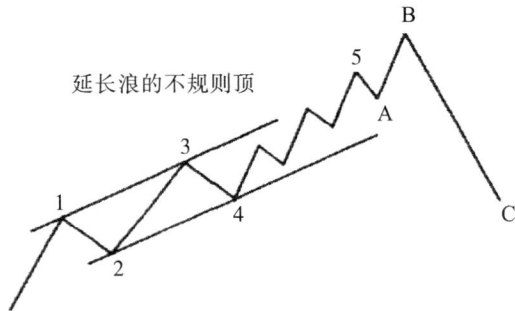

图 33

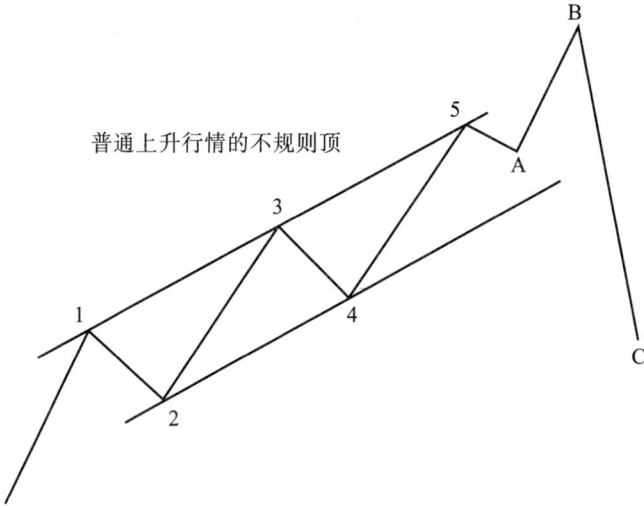

普通上升行情的不规则顶

图 34

强势调整浪

对于后市的强劲程度，调整浪有很强的预示作用。图 35 是一个规则的之字形调整浪，它表明后市走势强度一般。而图 36 是一个平台形调整浪，它表明市场将迎来一段时间较长的强劲波动（我们可以对照1933 年 7 月至 1934 年 7 月的大浪 4 来具体分析）。

一般调整

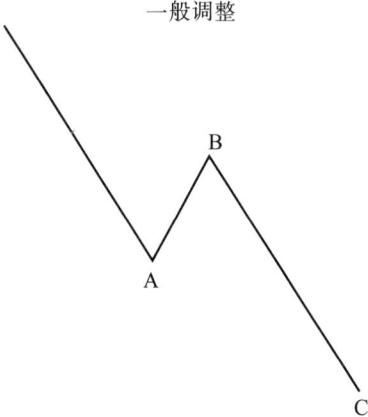

图 35

强势调整

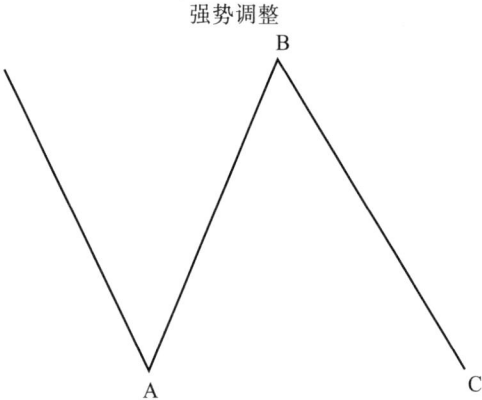

图 36

图 37 给出的是一个调整浪的模型，图中调整浪的终点 2 明显高于调整浪 a 的终点，这说明后市走势会比较强劲。（与之相比，图 37 中

66

的第二个调整浪——浪 4c 的力度就比较弱。）

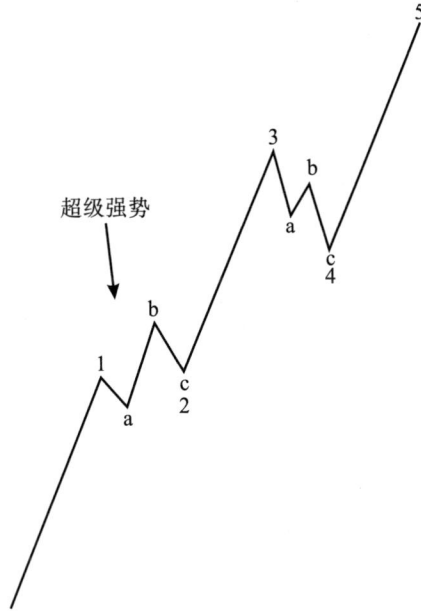

图 37

　　熊市中下跌行情中出现的调整浪，与上涨行情中的调整浪的运行
遵循相同的规律，只是方向相反，如图38、图39和图40所示。

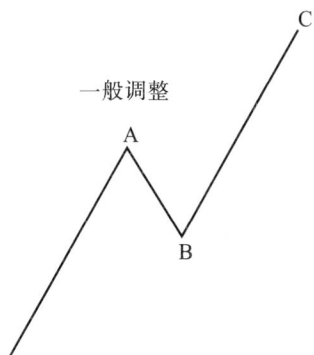

一般调整

图 38

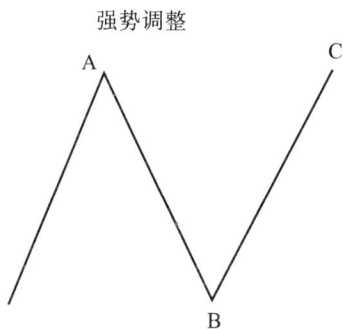

强势调整

图 39

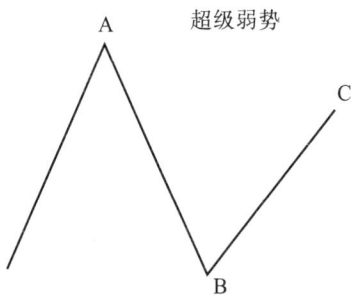

超级弱势

图 40

　　熊市中的不规则调整浪也曾出现过，但很少见。注意，一个下跌五浪的波浪运动走完之后，一个不规则的调整浪就会出现，如图 41 所示。

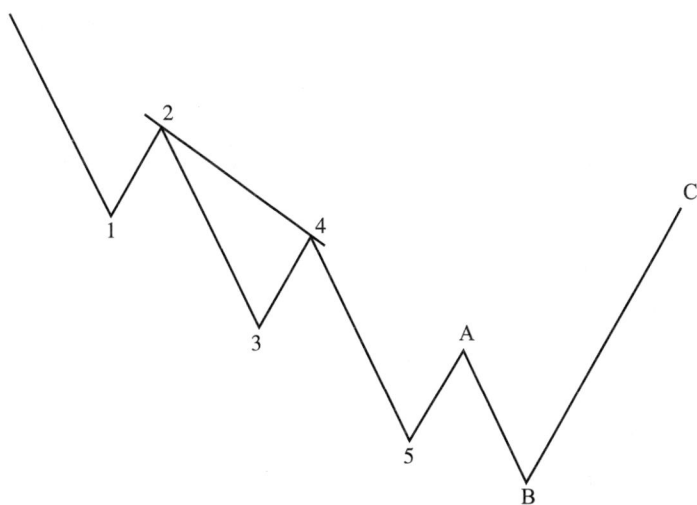

图 41

失败浪

　　在图 42 的走势中，第五浪没有走出我们所预期的形态。这时，股票应该在 B 点附近清仓卖出。我们细心观察就可以发现，如果从点 3 的顶部位置开始算起，市场已经走出了五个下跌浪。然而根据波浪运

69

动的基本规律，调整浪不是应该由三浪组成吗？答案是：如果按下跌三浪算的话，那么 B 点才是真正的市场顶部。也就是说，下跌的波浪运动偷占了上升波浪运动中的两个浪。换一个方式来看，就是一轮完整的波浪运动应当包括五个上升浪和三个调整浪，一共八个浪。而图 42 的波浪运动中，包括了三个上升浪和五个向下调整浪，同样也是八个浪。这种走势在现实中很少见，不过一旦出现，则应当被看作是一个相当危险的下跌信号，这意味着投资者要立即采取有效的行动。

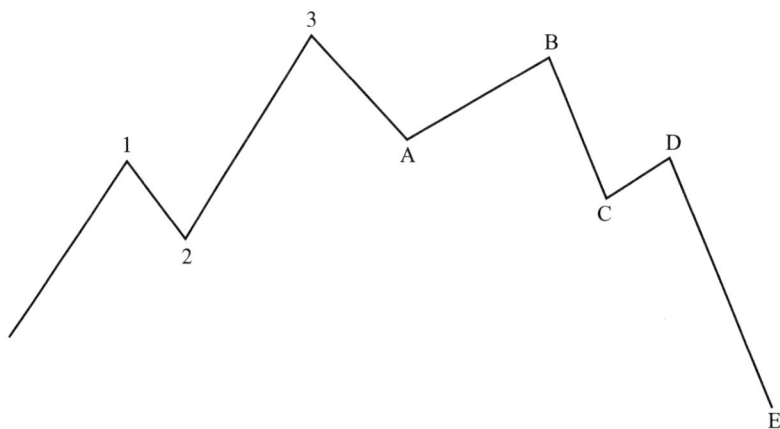

图 42

让研究者感到困惑的地方

在图43中"?"标示的位置，投资者可能不知道后市会如何发展，心里会有许多疑问，比如，这究竟是延长浪还是不规则调整浪？在这个时候，看一下成交量的情况，我们可能会找到一些答案。在本书第六章，我将会说明，在调整浪（包括之字形、平台形、三角形调整浪）运行的过程中，成交量会缩减。因此，在"?"位置前面的那个波浪运动过程中，如果成交量很小，那么可以判断这是一个不规则调整浪的浪B；如果成交量非常大，那么说明延长浪正在形成。

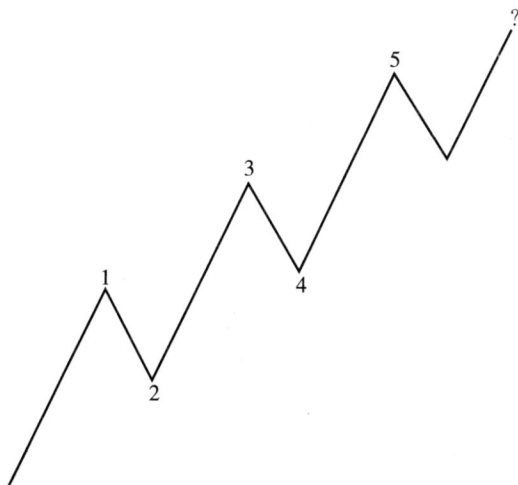

图43

三角形调整浪

波浪运动有时会像三角形一样，逐渐向一点收敛，或者从一个点开始逐渐变宽发散。了解这些三角形波浪运动的特点非常重要，因为它们可以帮我们判断市场前进的方向和顶点。

三角形形态分为两类：水平三角形和楔形三角形。水平三角形表明，在当前的价位上，市场有些迟疑不定。在水平三角形的末端附近，市场将重新回归该三角形出现之前的运动方向——向上或向下。水平三角形形态只是市场前进过程中的短暂休整，它与平台形调整浪具有相同的意义。如果市场在浪 2 的位置出现之字形调整浪，那么平台形调整浪或者三角形调整浪就会作为浪 4 出现（如图 44 所示）。如果市场在浪 2 的位置出现平台形调整浪或三角形调整浪，那么在浪 4 的位置就会出现之字形调整浪（如图 45 所示）。

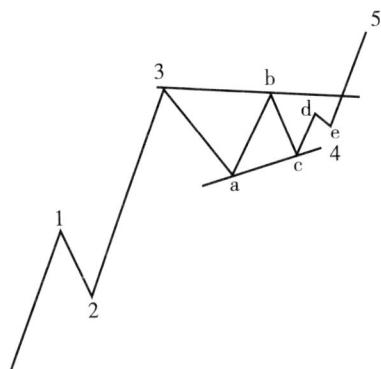

图 44

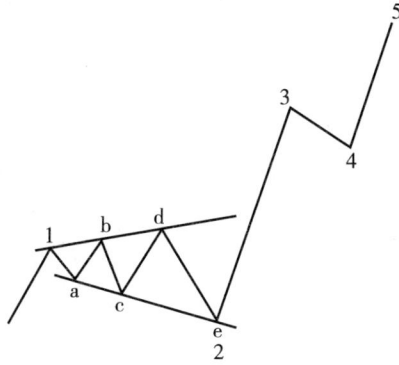

图 45

图 46 是一个水平三角形形态的例子，它又可以分为四种类型。

上升三角形：
顶边水平且底边上升

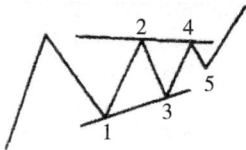

下降三角形：
底边水平且顶边下降

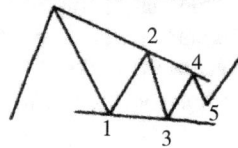

对称三角形：
底边上升且顶边下降

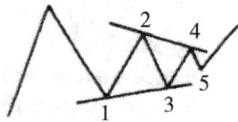

反对称三角形：
从开始至结束振幅扩大

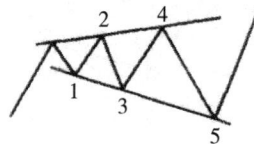

图 46

图 47 是楔形三角形形态的例子，它又可以分为两种类型。

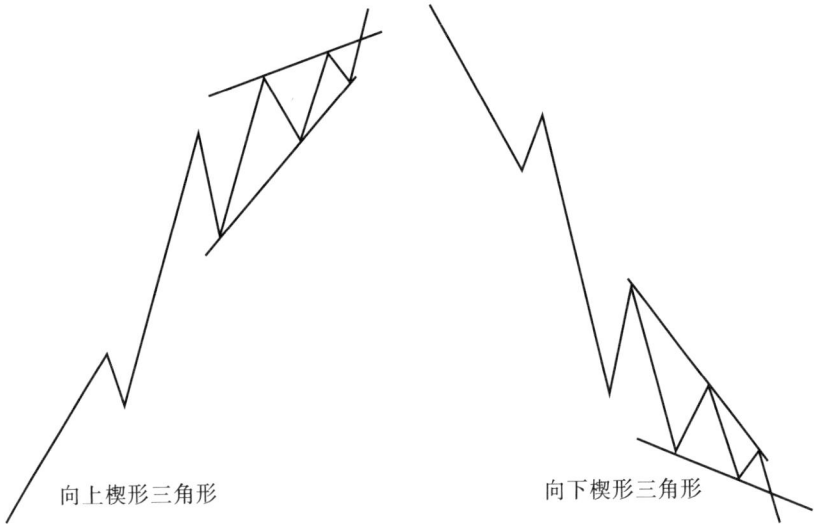

向上楔形三角形　　　　　　　　向下楔形三角形

图 47

上面图中的例子说明，无论是水平三角形还是楔形三角形，都应该包含五个浪。不足五个浪的三角形则不属于我们这里所说的波浪现象，可以忽略。

对于水平三角形来说，最值得我们关注的事情是它的起点在什么地方，因为要找到三角形调整浪的浪 2，首先要准确地确定浪 1 的位置。而浪 2 有着至关重要的意义，当三角形调整浪结束时，市场会依旧沿着浪 2 前进的方向继续运行。在图 48 中，水平三角形调整浪的浪

2 方向是向下的，在 M 到 N 的下跌之后，在三角形整理的第五浪终点，市场再次恢复下跌的走势。

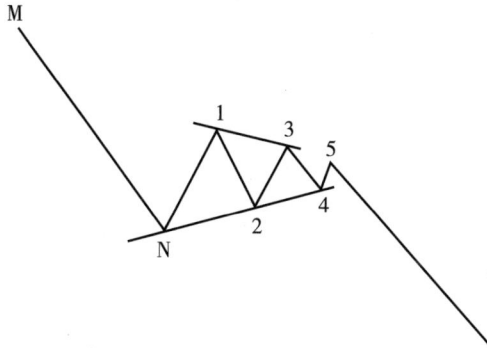

图 48

在图 49 中，五个三角形浪的低点依次向上。市场在 M 处见底，向上运动到 N 点之后开始三角形整理，之后市场又再次恢复上行。

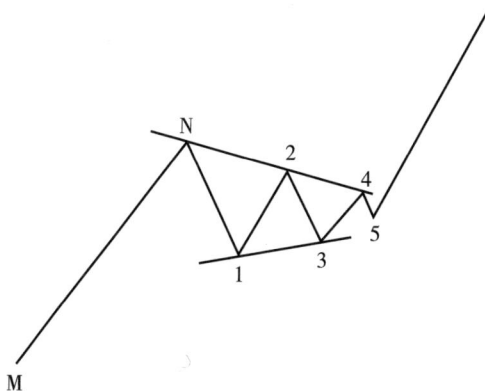

图 49

在图 50 中，向上楔形三角形中的第二浪是向下运行的。市场会在这个楔形三角形的终点（即三角形的第五浪终止时）附近改变方向，并且会一直返回到三角形底部附近。

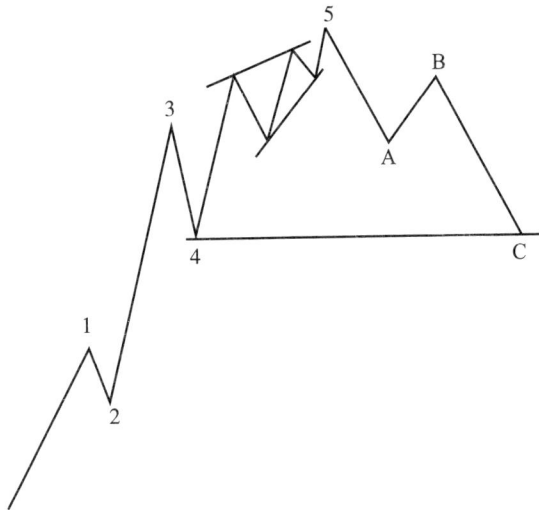

图 50

除了对称三角形之外，通常大部分三角形的第五浪都不会碰到它的通道线或三角形的边线。但如上图所示，三角形的第五浪偶尔也会突破它的边线。

如果大浪级运动的最后一浪（也就是中浪的第五浪）发展为一个三角形，那么表明市场已经为反转做好了准备。

　　三角形及其所有浪应当是一段上升或者下跌行情的一部分。其他情形下出现的三角形均属巧合，不具有操作意义。

　　楔形三角形只会作为第五浪出现，即在它之前应当走出四个与它级别对等的波浪。

　　当周线或日线的波浪逐渐画满一个三角形时，说明三角形的终点（或顶点）就要出现了。我们要结合其他信号来确认三角形的第五浪，而突破边线则不是必要条件。

　　三角形调整形态的规模通常都比较小，这使得人们很难清晰地识别这些调整。1937 年 10 月至 1938 年 2 月，市场第一次以一个巨无霸型的三角形出现，让人们得以看清楚三角形形态中的五个浪均由三个小浪所构成，五个浪的形态也是各不相同。

　　道琼斯工业股指数在上述期间并没有出现三角形，然而标准统计指数却出现了三角形形态。如图 51 所示，由 348 只股票组成的标准统计指数的周波动图，走出了有史以来规模最大的一个三角形，该三角形相当完美。由于该图是周线图，因此并没有详细显示出五个浪之中每一浪的构成。但在本书第九章的平均指数的日线图（见图 66）中，五浪的每一个具体细节都被展示了出来。

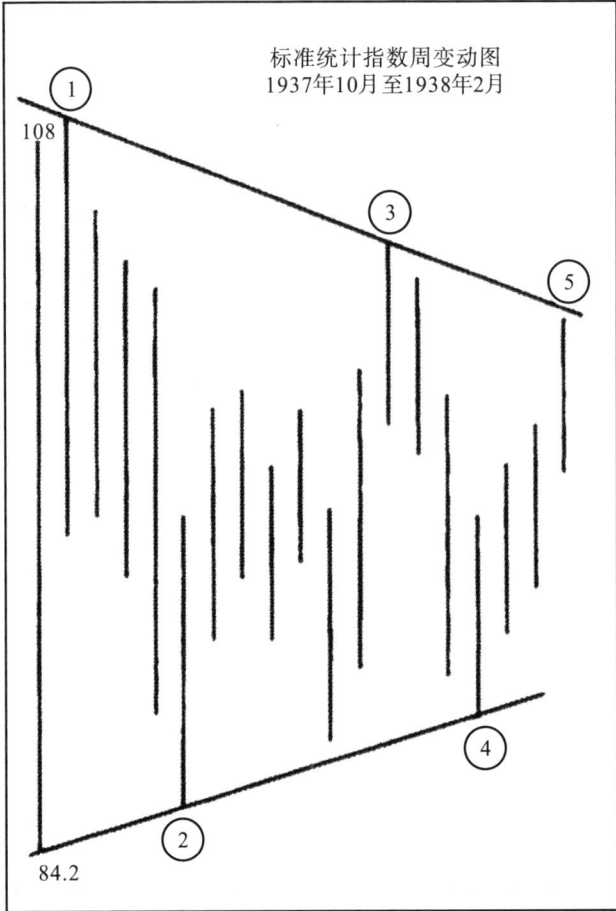

标准统计指数周变动图
1937年10月至1938年2月

图 51

专家解读

为了更准确细致地展示市场顶底的研判过程,艾略特在本章着重针对第五浪进行了细致讲解。本章首先提到的是,当一轮波浪走完之时,交易者首先要做的就是平仓出局。在讲解第五浪时,作者又一次提出,市场在一次运动走完之前,一定要完成它次一级的五个浪。这里会有一个重叠,也就是主浪第五浪和细分浪第五浪一起结束之时,往往就是交易者清仓离场之时。

但是正如你在交易中发现的那样,我们无法在最高点清仓离场,只有在后续出现不再能突破新高的走势时才能确定之前的高点是顶部。此时距离最高点会有一定的距离,这是交易者无法避免的利润回吐。任何自认为比市场聪明,企图卖在最高点买在最低点的交易者,都是不切实际的理想主义者。艾略特还指出,第五浪的明显特征是变盘,其往往会突破原有的上升通道,并伴随成交量的显著放大,而且还极有可能会走出延长浪。他还建议我们一定要使用对数比率走势图,这样才能做出更准确的研判。所有这些特征都表明,第五浪发生时交易者是知道的,至于上涨幅度有多高,涨到哪里是顶部,交易者是不能事先预测的,只有等市场走完才知道。

现实交易中很多读者为了避开第五浪的不确定性和相对复杂性,

最主要的是风险性（因为它之后就是顶部区域和相对平缓的整理四浪），甚至激进地选择了只做三浪三——主升第三浪中的第三小浪，这也是一种以时间来换取空间的务实的操作方法。

　　至于调整浪的形态，实在是"乱花渐欲迷人眼"。但是细分下来也就是平台形和不规则形了。相比较而言，平台形的整理应该是最强势的整理。有经验的交易者一般都很容易看到平台整理的形态。对于延长浪，作者扩展到了对浪1、浪3和浪5三个浪的延长描述，好在这几张图的延长都是向上的，所以对于不了解延长浪的交易者来说，顶多就是少了一点利润而已，仍在可以接受的范围之内。

　　那么在发生了延长浪之后，市场的走势是仍然回归旧途，还是另辟蹊径？艾略特总结了八条规律，希望你已经仔细看了，比如一般会出现两次反转这样的字眼。反转意味着账户资金真金白银的反转，还有延长浪永远不会是一轮运动的终点，也就是说如果你不幸套牢在延长浪上，那么不必担心，肯定会有解套的那天。但是交易者显然不能用这种心态进行交易。这两次反转，多少有点像 abc 浪的回调。至于不规则的延长浪，一般也就是无法归为任何一类的延长浪，应该完全是市场情绪作用的结果。

　　至于交易者对调整浪的关注程度，我相信怎么强调都不过分。因为可能当你发现一只强势股的时候，该股已经走完了第一浪或者第三浪，此时对于调整浪的研判相当重要，因为它结束时意味着还有一轮行情可以跟随。正如书中所示的那样，较强的调整浪就是横盘整理，更为牛气的调整浪是向上波动，这只能在超级强势股中看到。而交易者看到超级强势股的时候很多，但是真正关注并交易它们的却少之又少。从另一方面看，这也正是它们成为超级强势股的原因。比如，我们市场中现阶段的创业板。网友甚至戏称创业板是神创板，并专治各种不服。

对于我们这样的市场交易者而言，弃弱留强应该是挑选整理时期股票的基本原则。所以对于失败浪和三角形浪这种爆发力量不是很强的浪型，读者不必花费过多的时间和精力去研究。因为我们不是为了研究而研究的，而是为了赚取收益才研究的。有数据统计显示，三角形整理最终的突破力道，无论是向上还是向下，都不强。

第六章

速度、成交量 与波浪图

在分析市场平均价格指数的波浪运动时，要针对不同的运动速度选择不同的K线图。同时，将五浪运动的规律与成交量结合起来分析，也可以帮助投资者更加准确地把握市场运行情况。看懂波浪图，才能更好地瞄准买卖时机。

市场的上涨和下跌往往相伴而行，价格的单向快速的行进，必然会带来同样快速的反转调整。比如，1932 年夏天，道琼斯工业股价格指数出现了一波上涨行情，在 9 周内上涨了 40 点，幅度接近 100%，相当于每周上涨 4.5 点，而 1932—1937 年的增速则要缓慢得多，如图 52所示。

对于 1932—1933 年这样快速攀升的市场波浪运动，我们要同时分析其日线图和周线图，否则，三角形调整浪或延长浪等发出的重要的市场信号，很可能会被掩盖。

下面的图中将会用到各种"线"（日线、周线等）。在分析市场平均价格指数的波浪运动时，如果运行的速度比较缓慢，那么要是只用日线图分析的话，可能会让我们忽略一些重要的走势形态。比如，1904 年 1 月的最后一周到 1904 年 6 月的第一周，在这几个月中，道琼斯工业股平均价格指数收盘价在日线图上的最大波动幅度只有 4.09 点（50.50~46.41 点）。市场的日线图表现为一条乏味的直线。但是，如果画出这段市场运动区间的周线图，我们就会看到一个完整的三角形整理形态。这个三角形的第二浪是向上的，这是一个明确的信号，意味着市场会在三角形结束之后重新启动一轮上涨行情。

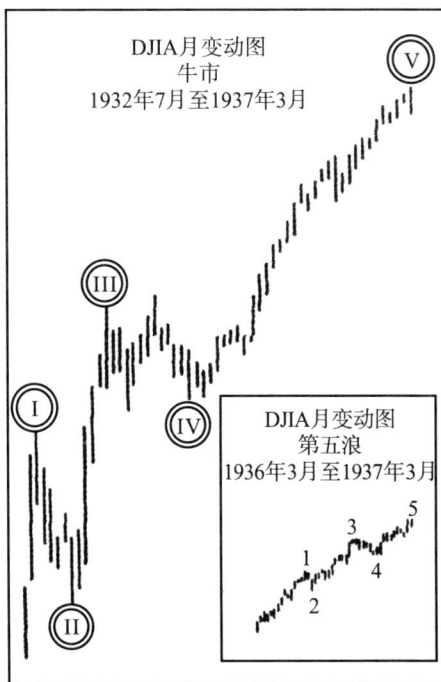

图 52

成交量

在水平三角形、平台形以及其他类型调整浪的运动过程中，从起点一直到终点，成交量都是逐渐缩小的。对于识别一轮波浪运动的性质，成交量往往可以发挥重要作用。但如果市场异常疲弱，成交量信号的可信度也会下降。

将五浪运动的规律与成交量结合起来分析，结果会让我们印象深刻。比如，对于市场上涨或下跌过程中的一些关键点位来说，成交量通常会在浪 1 放大，在浪 2 萎缩，在浪 3 再次放大，在浪 4 又再次萎缩，而在浪 5 再一次放大。第五浪结束之后，市场的成交量应当继续保持基本不变，此时价格稍有上涨，便意味着市场即将开始反转。

这里的分析涉及两个重要概念：成交量和换手率。成交量是股票交易的实际数量；而换手率是用成交量除以上市公司在纽约证券交易所上市流通的股票总数量计算得来的。

在纽约证券交易所 1938 年 7 月的公报中，一些图表呈现出了成交量与换手率的有趣的对照。在图 53 中，从 1914 年开始，换手率向上走出了完整的五个大浪，这轮大浪在 1929 年结束。市场接着展开了一轮向下的调整，直到 1938 年 6 月 18 日才结束。同样的现象也发生在纽约证券交易所席位价格的走势上，如图 54 和图 55 所示。

证券市场活跃程度（NYSE）

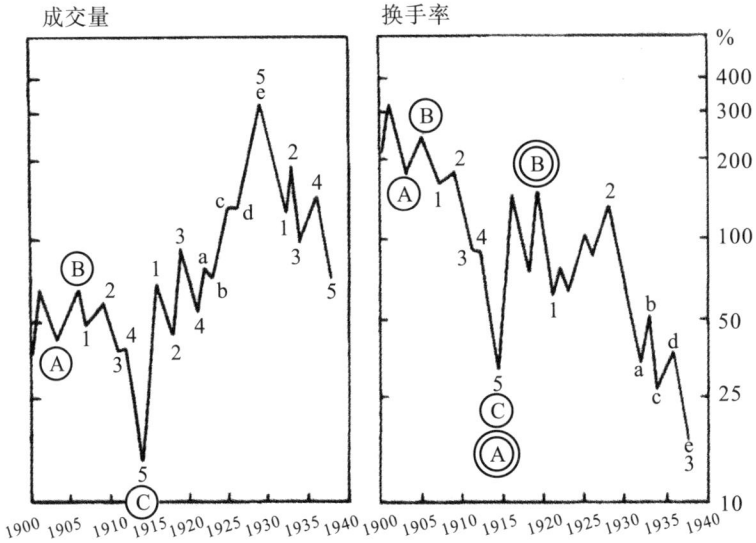

图53

细致地研究换手率和成交量的波浪运动不是很容易，因为换手率和成交量都会随着市场波动而瞬息万变。不过，证券交易所席位价格的变化并不会受到市场瞬时波动的影响，因此我们将其作为研究成交量和换手率波动规律的有效参考。具体内容可参见本书第十章"其他领域的波浪运动"的内容。

纽约证券交易所席位价格

千美元

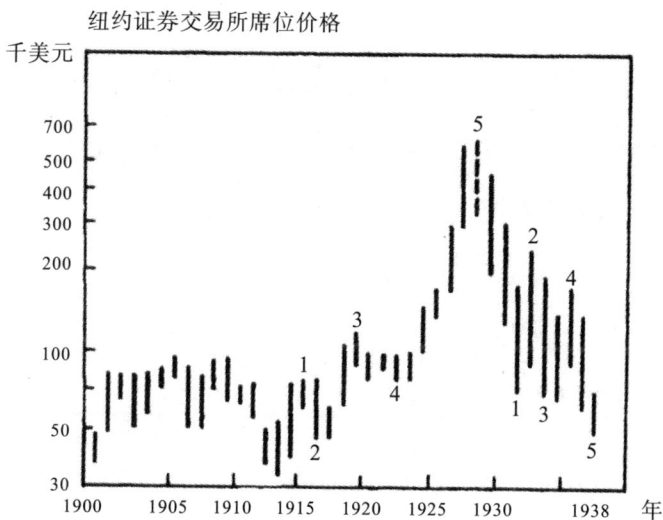

图 54

纽约证券交易所公报的第 11 页显示，1928 年 5 月市场的换手率是 12.48%，1938 年 5 月市场的换手率是 0.98%，而 1938 年 6 月的前 18 天的换手率是 0.65%。在 1938 年 6 月 18 日星期六，市场实际的成交量是 104 000 手，相当于在五个小时内一共成交了 200 000 手。在 1938 年 6 月 18 日之前的几周里，成交量极少，使得股票平均价格指数中的一些权重股交易经常出现间歇性暂停。这最终导致 60 分钟波浪图中的次微浪走势出现混乱，一些重要的波浪形态无法显示，而一些不重要的波浪细节却在干扰人们的视线。因此，我认为成交量的 60 分

钟波浪图有时具有欺骗性。值得庆幸的是，这样极度萎缩的成交量并
不多见。

纽约证券交易所 1937 年 11 月的月度公报的第一页显示了市场在
1937 年 8 月 14 日至 1937 年 10 月这段时期，以及其他七个同长期间的
换手率和价格波动情况。按百分比计算，我发现，迄今为止，1937 年
这一阶段的市场运行特点远比其他时间突出。

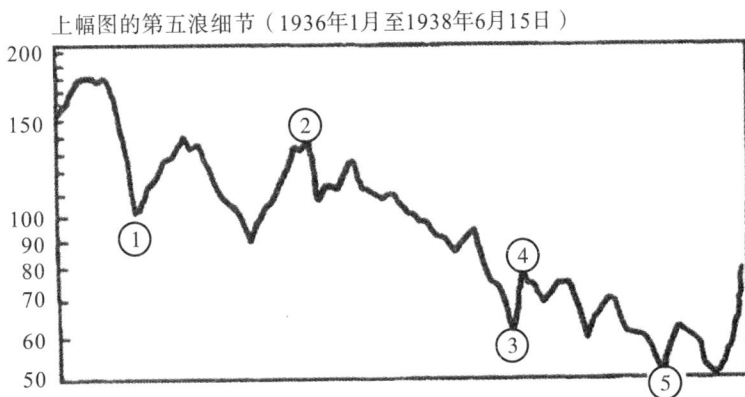

上幅图的第五浪细节（1936年1月至1938年6月15日）

图 55

我们可以从信息披露部门获得交易资金量方面的数据，如图 56
所示。

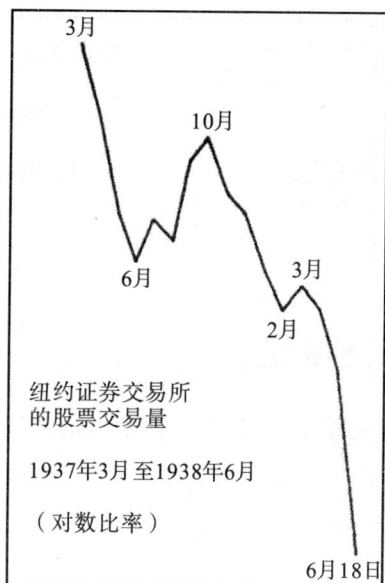

图 56

下面列出了市场概况的对比分析。

最近的熊市

顶峰（1937 年 3 月 10 日）：	195.59 点
底部（1938 年 3 月 31 日）：	97.46 点
下降：	98.13 点或 50.1%
时间：	一年零三个星期

91

NYSE 股票交易的资金量

1937 年 3 月：	2 612 000 000 美元
1938 年 5 月：	499 000 000 美元
1938 年 6 月（估计值）：	187 000 000 美元
下降：	92.9%
时间：	一年零四个月

64 天的价格/成交量比率

1937 年 8 月 14 日至 1937 年 10 月 19 日的持续下跌，与其他时间段的情况对比如下。

1937 年 8 月 14 日—10 月 19 日：	22.2%
1937 年 3 月—5 月：	10.9%
1929 年末：	11.1%
1934 年 2 月—4 月：	6.5%
其他时间：	1.0% ~2.1%

纽约证券交易所的席位价格

顶峰（1929 年）：	625 000 美元
底部（1938 年 6 月 15 日）：	51 000 美元
下降：	92%
时间：	九年

成交量从 1937 年 3 月至 1938 年 6 月下降了 87.5%。

专家解读

这章开始讲解交易者最关心的速度和成交量了。对突然放量以及连续拉升的个股，相信读者自己心里深有体会。离开成交量而单独分析波浪，显然是舍本逐末的行为，价格是量能的外在表现，价格和量能必须结合起来才能完整地分析市场走势，这应该是所有技术交易者技术分析方法的核心。

在对调整浪进行研判时，重要的因素之一也是成交量。正如作者所言，任何级别的调整浪，其最终快要结束之时的状态表现都是量能萎缩。缩量整理的爆发通常都是很迅速的，需要在发现标的之后密切关注，突破之时及时介入。对于成交量的研判，艾略特认为交投清淡时成交量有迷惑性。而对于交易者而言，低迷的成交量除了意味着不适宜参与交易之外，还有另外一层意思，即显示了市场真实的可流动筹码的运行情况。主力的存在可以在放大成交量方面锦上添花，但是他们却并没有能力降低成交量。

在上涨五浪中，作者认为浪1、浪3和浪5的成交量是放大的，浪2和浪4则是缩小的。至于在至关重要的第五浪中，成交量具体达到什么程度才是运动终结的标志，作者并没有提及。有交易者认为，一般而言，以流通股本的大小来做分母，换手率大于7%就应该引起足够的警觉。用更通俗的话讲，五浪的特征应该是放量滞涨。

市场在急速拉升期成交量是不断放大，还是保持在一定水平上不变，其实很容易判断。用相对不大的成交量就能够保持快速拉升的，才是真正的拉升。成交量不断放大的拉升往往并非主力真实意愿的表达。当然也有例外，如果主力在拉升中倒仓发现没有对手盘，也会缩量继续拉升了。在我看来，一只个股的最低成交量往往非常具有参考价值，尤其是在整理浪的末期。在横盘整理的末期，调整浪的最低成交量和最高量的比值等数据非常具有参考意义。

牛市中成交量为什么会不断放大，熊市中成交量为什么会枯竭，这在很大程度上是由参与市场的人来决定的。我们见过在牛市中天天换来换去的交易者，没见过在熊市中积极参与的交易者，他们一般会选择做鸵鸟——装死。但是至少有一点是肯定的，即只有交投活跃的个股才值得参与交易。潜伏对于绝大多数交易者而言，并非快乐的体验。

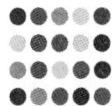

第七章

波浪图总结

　　投资者需要将20条波浪规律总结熟记于心。如，个股会在不同的时间见顶，但是会在同一时间见底；当两个本来不应同步的市场突然同步了，这意味着市场要有大事发生，等等。了解了这些之后，投资者才能在投资中更加游刃有余。

1. 在较大级别的波浪运动中，不同指数和股票的见顶时间往往是不同的；但是在下跌时，不同指数和股票却几乎总会同时触底。也就是说，不同的指数和股票的底部往往会同时到来。比如，1932 年 7 月，债券、股票、工业生产、保险销售额以及经济活动的其他领域，不约而同地同时见底（参见本书第十章中的图 69 至图 79）。那是一轮特大超级循环浪 2 的底部，这一时刻当然会受到所有人的格外关注。

2. 在一轮波浪运动过程中，如果你对不同级别的波浪数目感觉有些混淆不清，那么通过观察波浪的相对大小，可以从本质上对不同的波浪进行区分。深入分析波浪图上那些凸出的拐点（绘制通道线所依据的那些点），有助于你准确分清波浪运动的级别。

3. 连接波浪图上两个凸出的拐点，你就可以画出通道线。

4. 当市场走出第四个拐点时，你可以在波浪运动图上绘制出最终通道线，通过这一通道线，你可以确定该轮波浪运动的顶点，确定第五浪结束的大致位置。

5. 同一级别的波浪运动，通常会保持同样的通道宽度。也就是说，相同级别的波浪运动的通道宽度往往会保持不变，除非出现第五浪未能达到通道顶部的情况。

6. 波浪运动的级别越大，突破通道线的可能性就越大。

7. 在波浪运动图上绘制通道线时，如果是上升行情，基准线画在下面；如果是下跌行情，基准线画在上面。

8. 波浪运动主趋势的强度会在靠近基准线附近时显露出来。本书图 14 中的 1927 年 1 月至 1928 年 6 月的波浪运动，就可以说明这一点。

9. 为了更直接、更宏观地把握波浪运动现象及规律，下面这些制作波浪运动图的方法和技巧值得大家借鉴和参考。

（1）建议用对数比率图来绘制周线的波浪运动图，将正常的波浪运动图放大两倍或三倍来观察波浪运动的规律。

（2）在一个图表中展示一轮完整的五个大浪。

10. 本书介绍的这些方法，适用于三大平均指数（道琼斯工业股平均指数、道琼斯铁路股平均指数、道琼斯公用事业股平均指数）、各个股票板块以及个股。对于投资者感兴趣的三大平均指数、各个股票板块以及个股的日线图而言，普通的算术比率图就能满足分析的需要。

11. 波浪运动的周线图非常重要，其原因有如下三点。

（1）只有清楚地识别周波动趋势，才可能在足够长的历史范围内观察波浪运动，从而有效确定波浪运动正处于何种浪级。这对于识别较大级别的波浪的性质尤其关键。

（2）如果日波动图呈现为一条直线，那么通过绘制周线图，我们可能会看到平台形或三角形波浪形态，这些形态分别由三个浪或者五个浪构成，它们对于预测未来市场趋势非常有用。

（3）日波动图上所有可能出现的欺骗性，都可以通过周线图来排除。

12. 无论是研究细浪、小浪、中浪、大浪还是更高级别的浪，最好始终在一张波浪运动图上来研究同一级别的波浪。否则，波浪的识别可能被混淆，波浪的相对力度以及波浪的通道线也有可能被扭曲。

13. 在分析大浪级或是更小级别的波浪运动时，周线图、日线图和60分钟波动图是最好的分析工具。同时也应该注意，分析波浪图时，永远不要只局限在一种线图上，而是应将不同时间周期的波动图综合研判。在价格快速运动的行情之中，60分钟波动图以及日线图是最好的分析工具；而在缓慢行进的行情之中，日线图和周线图是最好的分析工具。

14. 股票、债券的成交量和换手率在 1928 年被首次引入，直到 1938 年 6 月 18 日才开始引起人们的重视。只有应用波浪理论，投资者才能有效地观察和分析这些指标的波浪运动现象和规律。

15. 有些股票似乎在第五浪没有结束时就已开始下跌，这说明出现了一个不规则的顶部，随后而起的浪 C 由五个浪构成。这方面的具体案例，请参看本书"调整浪"部分的详细论述。

16. 有些时候，人们可能无法找到绘制波浪运动图的基础数据。比如房地产行业，因为没有一个供人们进行交易的中心市场，所以房地产交易的标的物无法被标准化，而且交易中往往只是披露"名义上"的价格。对此，我们可以从丧失赎回权的住房抵押贷款数据入手，这些数据往往是可靠而又容易获得的。当这一指标处于一段时间以来的低谷时，房地产波浪运动就正处于它的顶部；反之亦然。

17. 在其他一些领域，可靠的基础数据虽然可以获得，但要准确地识别小级别的波浪则非常困难。比如成交量，它会随着市场的波动而瞬息万变地进行小浪级的波动。这时，我们可以参照纽约证券交易所的席位价格变动来对其进行分析。

18. 季节性的波动会给波浪运动分析带来很多困难，克服这些困难的有效方法是，以同一个数字为基数，绘制出十年中的周线、月线和季度线图，以排除季节性因素的扰动。比如，我们可以得到每周汽车货运量的统计数据，将本周的数据与十年的平均值相比，就可以绘制出体现每周货运量变化的波浪运动图，这样我们就能够运用波浪理论得出客观独立的研究结论。

19. 当两个之前并无关联的事物突然变得步调一致时，这通常意味着市场上要有大事发生。关于这一规则的具体案例，可参见本书第六章有关成交量内容的讨论（见图53、图54和图55）。

20. 在大多数时候，并不是所有的股票都会行动一致。尽管主要的平均价格指数一直到1937年3月10日才形成头部，但是几大标准统计指数在1936年11月就已经开始出现头部。这些指数在1937年3月涨到了最高点，然后缓慢下跌至1937年5月。此外，我们还要注意，股票往往会同时触底。

专家解读

　　本章全是干货，关于波浪图的 20 条总结中，有哪几条戳中了你的软肋呢？第一，各个市场的顶部表现并不一致，但是底部却亦步亦趋。延伸一下，也就是说个股会在不同的时间见顶，但是会在同一时间见底。第二，交易者要学会抓大放小，对于确实分不清的、又不重要的浪，可以忽略。第三，波段顶底必须以最高价和最低价，而不是收盘价来定义。在操作前你要先定义五浪的大体位置。第四，波浪主趋势的强度，在基线附近研判，碰都不碰的即为强势。了解了这个就足够了。第五，当日线浪型不明显时，要使用周线来区分。第六，当两个本来不应同步的市场突然同步了，这意味着有大事要发生。相信艾略特本人一定经历过不少这样的例子。

　　后人在研究波浪理论时，更加细化地分析了每个浪可能的幅度，其中比较成功的应该是引入菲波纳奇数字序列与黄金比例结合的方法，这种方法大体上解决了波浪幅度计算的问题。只是这种方法用在比较稳定的平均指数上相对较好，对于个股的研判则仍显乏力。实际上波浪的时空演绎最大的特征就是——有序恒定。基本浪中的第五浪具备"五浪时空"属性；基本浪中的浪 2 和浪 4 具备"调整浪时空"属性；基本浪中的浪 1 和浪 3 具备"推动浪时空"属性。如果应用在上证指数上，"十年基本一浪"的特征非常明显（1982—1991 年，1992—2001 年），读者可以自行验证和分析。

第八章

波浪理论的运用

　　较大级别的股市波浪运动，在走过了第五浪之后，一般都会出现一个相当规模的调整浪。调整浪的终点，被称为长线建仓点，投资者可以在这里再度建仓买入。同时投资者需要确定在哪个级别的波浪运动中建仓和交易。

如前面章节所述，第五浪的终点是投资者与投机者最为关注的，因为整个波浪运动将在这个位置上发生方向上的反转。较大级别的股市波浪运动，尤其是运行数月的中浪，以及运行数年的大浪，在走过了第五浪之后，一般都会出现一个相当规模的调整浪。同时，确定调整浪的终点也很重要，这个点被称为长线建仓点，投资者可以在这里再度建仓买入。

在股市中交易时，投资者首先要考虑的是确定自己要在哪一级别的波浪运动中买入建仓和交易。许多投资者更愿意在大浪一级的波浪运动中操作，这也正是本章要详细讨论的波浪运动等级。而且这个级别上的波浪运动原理，同样适用于分析更小或者更大级别的波浪运动。

现在假定，一位投资者在 1921 年 6 月买入股票建仓。基于对特大超级循环浪的判断（见本书图 12），他认为市场从 1857 年开始走入超级循环浪，而且整个超级循环浪的浪 1、浪 2、浪 3 和浪 4 已经走完。第五浪从 1896 年开始启动，到了现在（1921 年 6 月）已经接近于尾声。这是因为，在 1896 年至 1921 年中，市场已经走完了四个大浪。大浪的第五浪才刚刚开始，它将由五个中浪构成。一旦中浪的第五浪走完，不仅会宣告大浪的结束，还会宣告整个超级循环浪的结束。也就是说，过不了多久，市场将会出现一轮非常有意思的走势。

通过对大浪之中正在运行的浪 5 和之前已经走完的浪 1、浪 3 的研究，该投资者对此轮波浪运动的波动幅度和持续时间有了一些粗略的估计。但是正如前文所述，这种估计不过是在一个浪级之内把不同的浪大致加以区分而已。

要进行更有把握的分析，我们可以使用通道分析法。从 1857 年开始的超级循环浪已经走完了四浪，所以我们连接浪 2 和浪 4 的两个凸出的拐点，可以画出基准线；再经过浪 3 凸出的拐点画一条基准线的平行线，即上通道线。向上延长这条上通道线，就能够找到超级循环浪的第五浪结束的大致位置。以此类推，对于从 1896 年开始的大浪，当它走完四个浪的时候，我们同样可以绘制出它的最终上通道线，借此确定目前正在运行的第五大浪结束的大致位置。这样一来，那些在

1921 年 6 月买进股票并持仓至大浪走完的投资者，就会观察到一些有助于其做出卖出决策的重要规律。本书前面各个章节曾经介绍过这些规律中的一部分，下面我总结了其他一些规律。

1. 一轮完整的大浪运动由五个中浪构成。在确认四个中浪已经走完，第五浪已经启动之前，不要卖出股票。

2. 如果四个中浪已经走完，而且第五个中浪正在运行中，那么这个第五浪又会由五个更小级别的波浪（小浪）构成。因此在小浪的第五浪走完之前，不要卖出股票。

3. 如果第五中浪的第四小浪已经走完，而且第五小浪正在运行中，那么在五个细浪走完之前，市场的这一轮波浪运动是不会结束的。因此，在第五细浪走完之前，不要考虑卖出股票。

4. 根据平均价格指数的 60 分钟波动图，第五个中浪的第五个小浪的第五个细浪，也是由五个微浪构成的，而微浪的浪 5 又很可能将由五个次微浪构成。因此，在市场上涨到 1921 年 6 月开始的大浪的顶部之前，即在第五中浪的第五小浪的第五细浪的第五微浪的第五次微浪结束之前，不要考虑卖出股票。

5. 请注意，超级循环浪中的第五浪、循环浪中的第五浪，以及大浪中的第五浪，都经常会突破上通道线。前面提到，我们已经为第五超级循环浪和第五循环浪绘制出了上通道线。从 1921 年 6 月开始的大浪会是一轮循环浪的终点，也是一轮超级循环浪的终点（见图 14）。

据此我们可以预测，这一轮大浪在上升到超级循环浪和循环浪的上通道线附近之前，不会轻易结束（用对数比率图分析）。同样，本轮大浪的第五中浪，也非常有可能突破大浪的上通道线。

6. 超级循环浪的第五浪、循环浪的第五浪，以及大浪的第五浪的终点，通常会出现巨大的成交量。此时的成交量一般会大于之前同级别波浪运动中的任何一浪。这表明，当本轮大浪的第五中浪运行到它的顶部以及顶部附近时，我们将可以在市场中观察到成交量的明显放大。

熟练运用这些规律，投资者对于市场的未来走向便不会再有困惑。通过画出波浪运动的周线图和月线图，投资者可以观察到每一个波浪的具体进程，以便适时地跟进买入或卖出。图 57 至图 61 显示的是周线图的波浪运动。1923 年 3 月，一轮中浪的浪 1 结束，从图 57 中我们可以看到，它由五个更小级别的波浪构成。接下来是中浪的浪 2，如同所有偶数浪（调整浪）一样，它由三个浪构成。中浪的浪 3 一直运行到了 1925 年 11 月，按照波浪原理的规律，三个调整浪紧随其后。

DJIA周线图
中浪1
1921年8月至1923年3月

图 57

中浪2
1923年3月至1924年5月

图 58

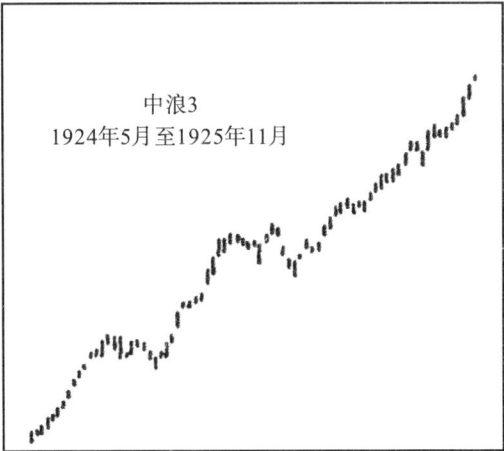

中浪3
1924年5月至1925年11月

图 59

中浪4
1925年11月至1926年5月

B

A

C

图 60

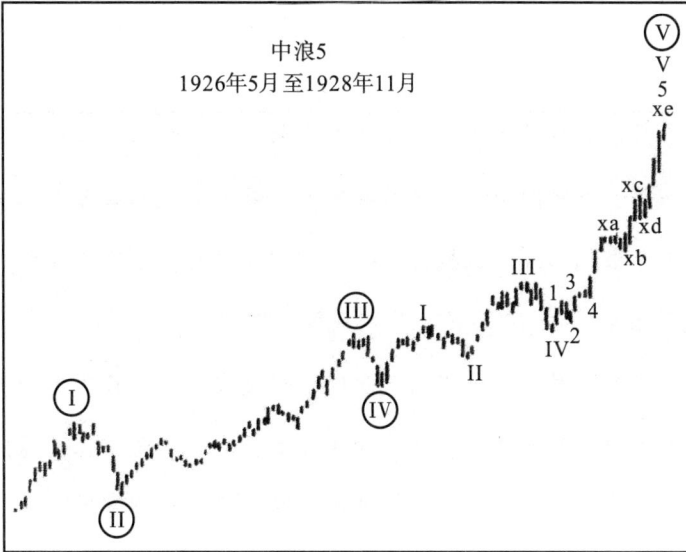

图 61

专家解读

关于波浪理论的运用，作者在本章做了非常详细的表述。首先是寻找第五浪，也可能是第五浪的延长浪，或者失败的第五浪。交易者应该在哪个级别的波浪上操作，也是非常重要的，尤其是在已经知道一个完整的市场运动必须有五浪组成的前提下。

一般而言，第一浪进程较为缓慢，幅度较低，俗称为建仓浪。第三浪往往是建仓和震仓完毕之后的主升浪，所以最受关注，其幅度也相当可观，所谓的突破买卖、只做强势股，操作的就是这个三浪。一般而言，第五浪相对平缓，但是也有疯狂的第五浪，只是量大风险也有点大，所以热衷于操作第五浪的交易者不多。然而一旦能确认第五浪终结，在此点位做空也是非常好的选择。现在的 A 股市场已经开通了融资融券功能，有些个股具有融券——也就是做空功能。

正如作者在本章所讲的那样，完整地持有一只股票的五浪确实是非常考验人的耐性的，因为这可能会持续几年时间。我身边的投资者，能够坚持持有一只股票两三个月已经算得上是做长线的了；就算是持有一年以上，他们也会来来回回地做差价，以将自己的成本降到最低。

实际上，交易者只能大致地判断自己所处的位置，并根据所处的浪型位置做出交易决断。本章中对投资具有重大意义的六个交易原则，其核心内容是：不到第五浪——包括细分第五浪——不考虑卖出自己持有的仓位。另外，第五浪往往伴随着巨大的成交量。如果交易者只是大致判定市场，不是逐日盯盘的话，那么你真的可以相信艾略特的理论，然后去闲庭漫步、钓鱼赏花，只在每天复盘后淡定查看即可。老实讲，市场上真正赚到大钱的交易者正是这样做的。反而是那些每天浸淫在市场中的、经常杀进杀出的人没怎么赚钱。这实际上是一个概率问题，很明显，持股时间相对较长的人可能会赚得更多；短线杀进杀出的也有赚到大钱的，只是概率相对较小而已。当然，这和买进并持有的概念不同，中国证券市场的变数众多，投资者很难有心态几十年如一日地持有一只股票。这也是迄今为止国内证券市场中真正的价值投资者比较稀有的原因。

也许随着波浪理论的再次兴盛，交易者能少一些急于求成的戾气，多一点恬静淡定的随和，这才是证券市场的正道所在。

第九章

1937—1938年熊市中的罕见之事

在1937—1938年的熊市中，市场上出现了一个完美的平行四边形调整浪、半月形走势，第一次出现了补充循环浪等。这些都是波浪分析中难得一见的市场形态，值得投资者关注和学习。

在 1937—1938 年的熊市中（如图 62 和图 63 所示），市场上出现了一些新鲜而罕见的情况，具体如下。

对数比率
月波动图　1937年3月：195.59点
1938年3月：97.46点

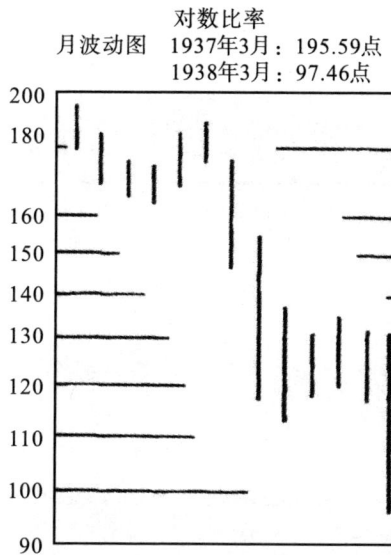

图 62

117

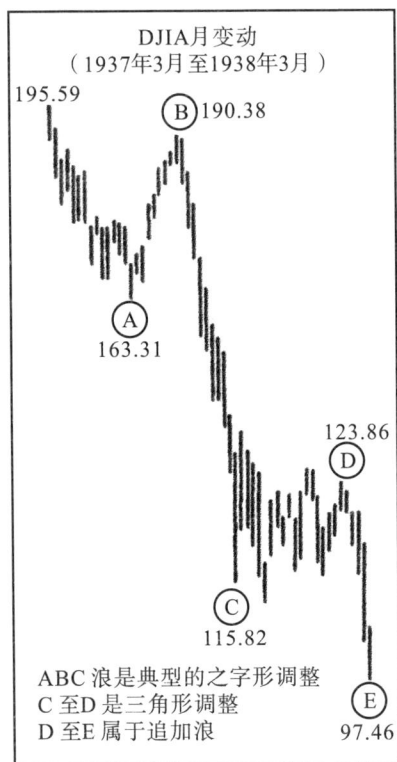

图 63

平行四边形

1937 年 8 月 4 日，指数达到 187.31 点，这是前一轮正常的上涨行
情的市场顶部，如图 64 所示。接下来，经过三个波浪的下跌和三个波
浪的上升，指数在 1937 年 8 月 14 日达到 190.38 点。在这段时间里，

市场形成了不规则调整浪的浪 A 和浪 B（如图 64 所示）。接下来的浪 C 速度快、持续时间长，指数一直下跌到了 1937 年 10 月 19 日的 115.82 点。市场在这里形成了一个完美的平行四边形。这并没有什么特别的意义，只是形态的运行速度快、波动幅度大，并且出现了类似于 1928 年、1929 年和 1932 年那样的不规则顶部，如图 65 所示。

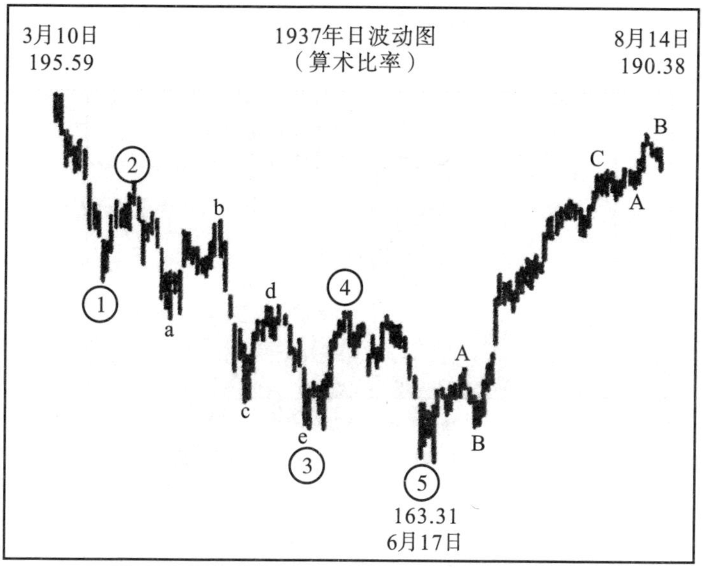

图 64

从图 65 中，我们可以发现很多有趣的地方。先来看一下图中这个平行四边形走势。从 OT 到 B 的不规则顶部，预示着市场将要出现一轮剧烈的下跌。而 xa 至 xe 的延长浪，可以使我们预测到，xb 之后会紧跟着三浪下挫，这会使价格跌到 xe 之下的水平。在图 66 中，由三浪组成的第一次回调，使市场跌到了更低的价位。图 64 中的之字形调整浪 A-B-C 预示着，在图 65 中 C 点之后，市场可能形成一个平台形调整浪或三角形调整浪。就如同本书图 51 所显示的那样，三角形调整浪再一次确认了市场将下跌到更低的价位，这就是图 66 之中显示的1938 年 2 月—3 月的那一轮行情。

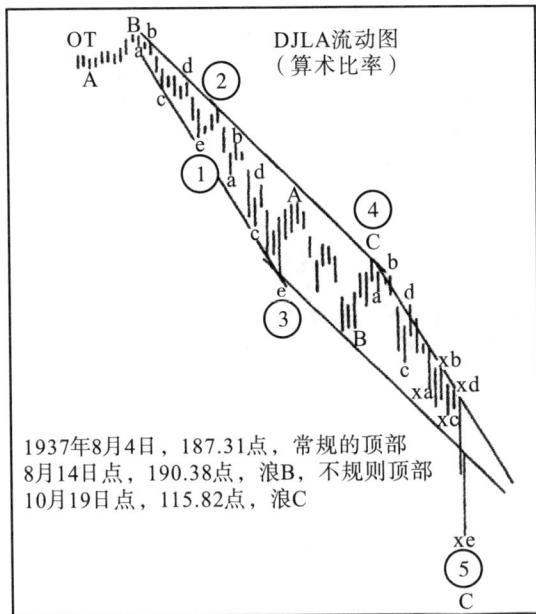

图 65

半月形

半月形的名称由市场从 1938 年 2 月 23 日的 132 点到 1938 年 3 月 31 日的 97 点之间的走势形态而来。这一轮波浪运动呈弧线形下落，而且最后几乎是竖直状态（如图 66 和图 67 所示）。

DJIA日波动图：算术比率

3

1

132.86
1938年2月

2

1937年10月
115.82

1938年2月至3月是追加浪

1938年3月
97.46

图 66

指数下跌至 115.82 点的那段延长浪（如图 65 所示）预示着市场可能会创出新低，这一点首先被 115.82 点之后的三浪走势所证实；而

121

三角形调整浪的出现，对这一预示又一次进行了确认。

在 1936 年 4 月，指数从 163 点跌至 141 点的过程中，也出现了类似的图形。二者同属于延长浪之后的市场回调。这种走势中，波浪运行的速度非常快，所以比较适合用 60 分钟波动图来分析，特别是在后半段。

1929 年 9 月—11 月，浪 1 从 381 点跌至 195 点，随后出现了延长浪，市场很快就在 1930 年出现了回调。正如前文所述，浪 1 出现了延长浪（参见图 19，算术比率图），浪 3 和浪 5 没有出现延长浪。如果 1932 年的那个延长浪是出现在第五浪而不是在第一浪，那么市场从 1929 年 9 月到 1932 年 7 月将会像 1938 年 2 月到 3 月一样，走出半月形走势。

图 67

补充循环浪

就我所掌握的数据来看，道琼斯工业股平均指数在 1938 年第一次出现了补充循环浪（如图 66 和图 67 所示），1938 年 2 月 23 日至 3 月 31 日，市场从 132 点下跌到 98 点。在这个过程中，市场在正常的三浪调整之后出现了额外下跌，走出了由五浪组成的浪 C，最终到达调整运动的终点。此时的市场与 1932 年非常相似。除此之外，1934 年 12 月到 1935 年 3 月，道琼斯铁路股平均指数和道琼斯公用事业股平均指数也曾有过类似的波浪运动。

如图 68 所示，平均指数从 97.46 点上涨至 121.54 点，完成了一轮上升五浪，这一段涨势又是自 1937 年 3 月开始的更大级别波浪的第一浪。这同时也确认了 1937 年 3 月 31 日的 97.46 点，是熊市的浪 A 的底部。在图中，1937 年 5 月 27 日指数达到的 106.44 点，正是 121.54 点开始的平台形调整浪结束的地方。

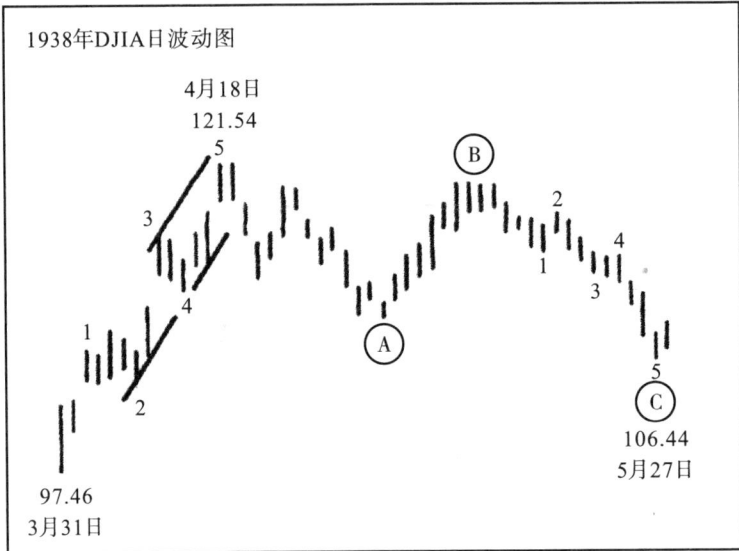

图 68

专家解读

除去对第五浪的关注之外，交易者最关注的应该就是市场的熊市特征了。人们在牛市时，总会习惯性地担心牛市结束，然而事实是牛市结束的时间远比你估计的要长；而在熊市中，人们则天天盼望着底部的到来，但是事实是，底部往往在你忍无可忍并最终放弃抵抗时，才姗姗而来。理论上讲，无数次猜顶，总有一次是对的，无数次说底，也终有被你懵对的时候。然而艾略特理论却能够大大降低这种猜测的盲目性，用波浪理论进行大致的研判，总是能够相对准确地给出市场所处阶段的判定。

本章所列举的平行四边形和半月形等，都是最具杀伤力的熊市特征。倘若在 A 股交易中，交易者能够准确判断市场的熊市特征，那么刀枪入库、马放南山地学习一段时间，未必不是一个很好的选择。如今的 A 股市场行情荡不定，现在谈论熊市必定不合时宜，但是可以肯定的是，牛市过去肯定会有熊市。投资者学习波浪理论的终极目标就是能够识别现在市场所处的阶段。因此，在熊市来临之时做出及时准确的研判，是保证你在证券市场存活的终极必杀技。

无论是什么形态的熊市，资金大幅且快速的缩水是这一阶段的明显特征。交易者不仅要懂得什么时候交易，更重要的是要懂得什么时候休息。常常遇到不知疲倦的交易者，经历了越努力越失败的挫折后，最终愤然退出股票市场。是不能，还是不愿？究其根本，这种选择不是源于任性，或者基本面分析技能的缺乏，而是自我控制的缺失。

很多时候，知道什么时候要进行必要的利润回吐，才不会耿耿于怀；知道什么时候应该休息，才不会激进冒进。认清形势、把握分寸，远比不知疲倦地研究分析重要得多，波浪理论告诉交易者的正是这一点。抢在b浪反弹前死掉的人也不少，但是更多的人是在C浪中绝望，更不用说下跌五浪的杀跌威力了。

所以，波浪理论培养的正是投资者的大局观。

第十章

其他领域的波浪运动

自然界中的其他领域也都与股票的运行类似，背后都潜藏着波浪循环运动的规律。这些领域包括工业总产值、人寿保险的新增支付以及人口流动等，从波浪运动规律的角度来对这些问题进行深入的研究，会使相关方面学者的研究工作变得更加简单明了。

多年以来，"循环"已经成为一个人们熟知的词汇，但是每当谈到"循环"，人们总是草率地将其理解为向上和向下的运动。所以，在美国经济发展的进程分析方面，一些经济学家将 1921 年到 1932 年看作是一个完整的经济周期循环；而另一些经济学家则认为，这一阶段其实包括三次强度不同的经济周期循环，即 1921 年到 1924 年年中、1924 年到 1927 年年末，以及 1927 年到 1932 年年中。总之，人们对"循环"这个概念的使用过于随意，这在很大程度上是因为，对"循环"现象的表面认知（有时是误导性的）影响着人们的行为和观念，而"循环"内在的一些客观规律却往往不为人们所知。

本书只以股票市场为例来论述波浪循环的内在规律，讲解了一个波浪循环如何成为另一个更大级别波浪循环的起点；而这个波浪循环本身也是更大级别波浪循环之中的一部分，它所包含的次级波浪循环也遵循同样的规律。

自然界中其他事物也都与此类似，我们知道，事物不可能永远朝着一个方向运行，但是所有事物的运动都会呈现一种秩序性。无论何种事物，其背后都潜藏着某种具有固定性的规律，规律主导着事物发展的方向。本书的目的在于，首先向读者介绍波浪循环运动的规律；继而进一步介绍这些规律如何应用于那些令我们感到困惑的其他领域。

我们随意找了几个领域，作为波浪理论现实应用的例证，并在下面列举了一些图形，对其加以说明（如图69至图78所示）。这些随机选取的实例足以表明，只要存在波动现象，波浪理论就会发挥作用。我们建议股票投资领域之外的学者，也要对这个问题进行深入的研究。波浪理论会使这些学者们的研究工作变得更加简单明了。

世界及美国工业总产值（美国农业部）

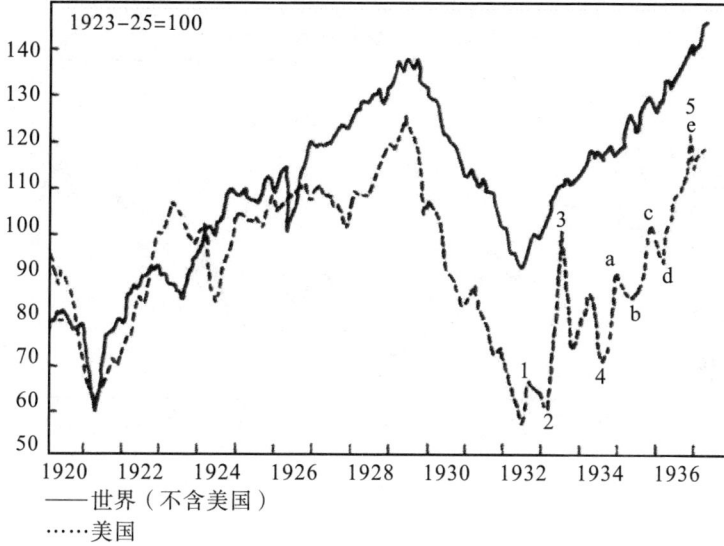

图69

美国汽油消耗量

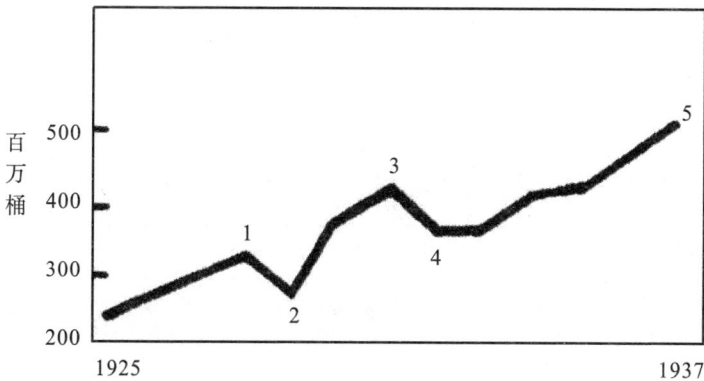

图70

钢铁产量

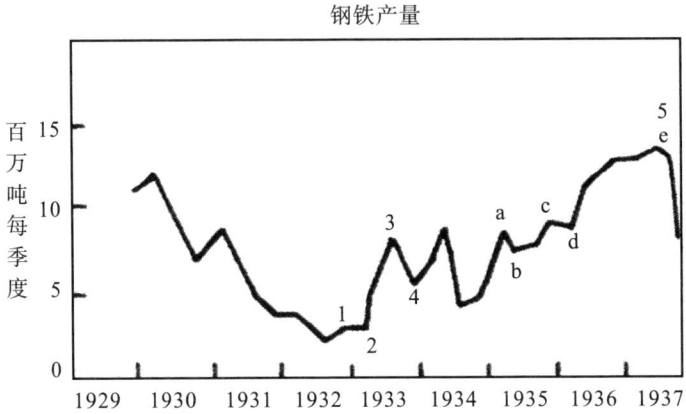

图 71

农产品价格（劳动局）

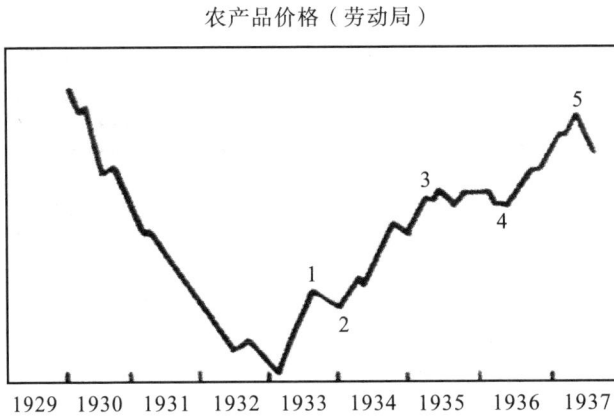

图 72

人寿保险新增支付

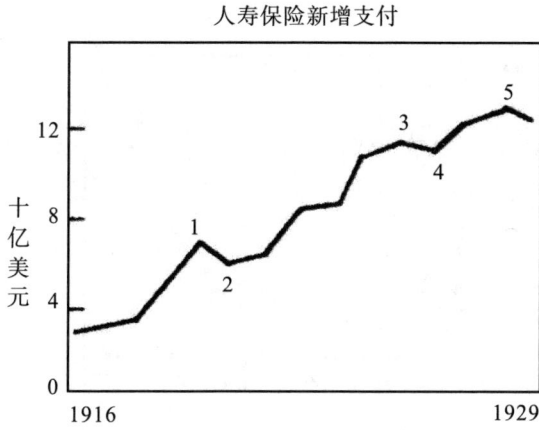

图73

农村向城市人口流动

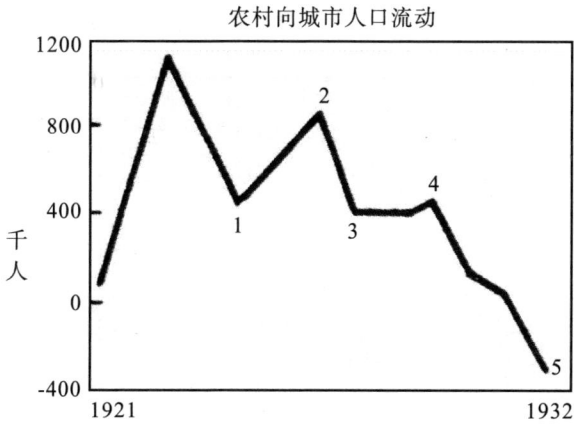

图74

发电量

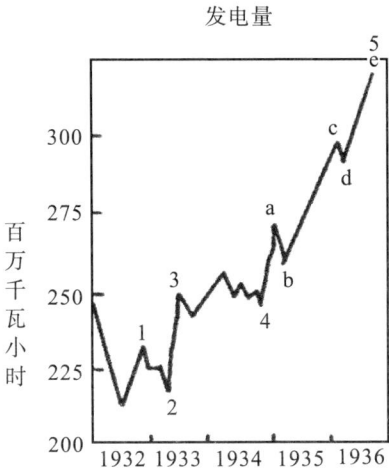

图 75

火灾损失

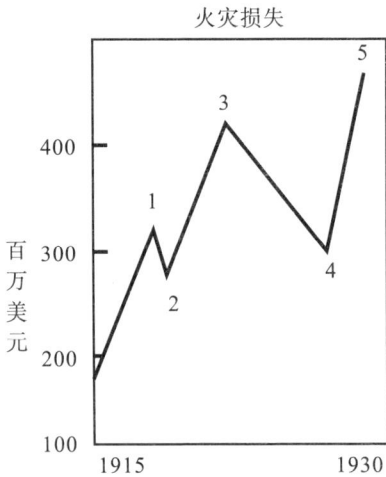

图 76

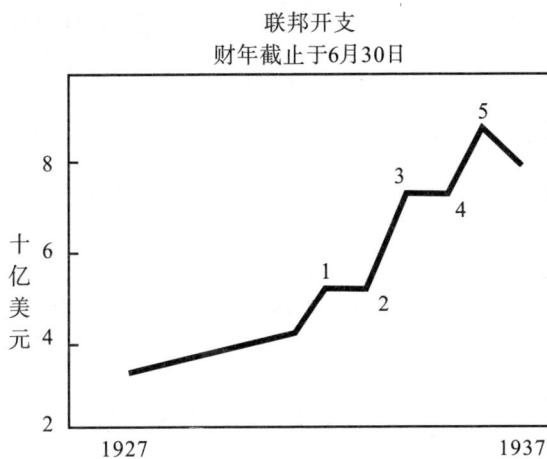

图 77

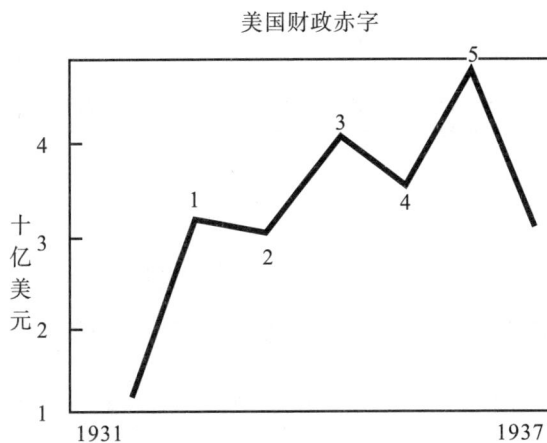

图 78

　　不同事物在波浪运动中不大可能同时到达顶部或底部。两个或者多个事物可能会同时到达顶部，但它们到达底部的时间却可能完全不同；反之亦然。对于一些事物的到达顶部和底部的时间我做了一个粗略的统计，具体如表 3 所示。

表 3

	见顶时间	筑底时间
股票	1928 年	1932 年
债券	1928 年	1932 年
生产总值	1920 年	1933 年
大宗商品价格	1920 年	1932 年/1933 年
房地产价格	1923 年	1933 年
换手率	1928 年	1938 年 6 月 18 日
纽约证券交易所席位价格	1928 年	1938 年 6 月 15 日

　　在 1932 年触底之后，债券市场在 1934 年 4 月达到了顶部。若不是《全国产业复兴法》的公布，股票市场也很可能会在此时见顶。在 1934 年市场到达顶部之后，债券市场走出了一轮规模宏大的不规则调整浪。该调整浪的浪 B 在 1936 年 12 月出现波峰，随后其与股票市场在 1938 年 3 月的浪 C 中同时见底。

债券市场

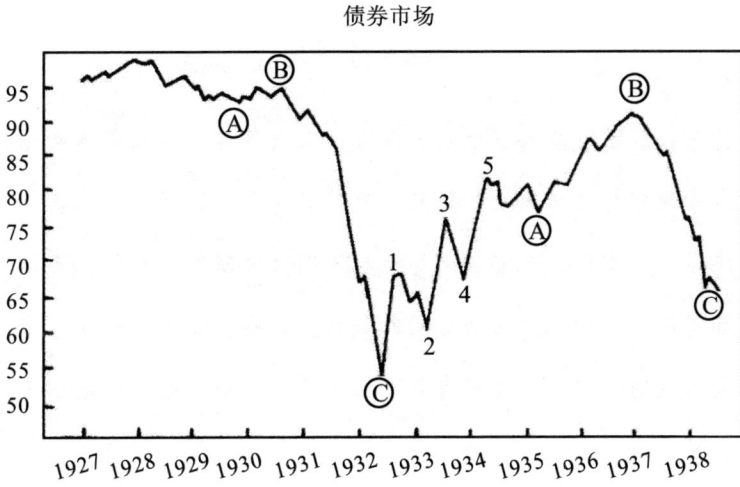

图 79

专家解读

　　艾略特试图将波浪理论运用在所有人类参与的行业或活动中，并且从本章的研究结果来看，颇有成效。本章中所提到的循环实际上就是经济学中的周期。汉密尔顿曾经对周期做过研究，人们甚至还研究过市场周期和太阳黑子活动之间的关系。这些尝试至少说明，市场周期和大自然的宇宙运行之间有着千丝万缕的联系。这大概也正是波浪理论成功的基础，即自然法则有序恒定的循环演绎。从哲学上讲，这叫螺旋式递进发展。而且对于波浪的嵌套理论——一个波浪是一个更大的波浪的起点，并成为一个更大波浪的一部分，往往需要投资者以更宏大的视野来观察才行。从某种意义上说，人们对于波浪理论的滥用，实际上也更加印证了波浪理论本身的秩序性和隐藏于其后的深层次的人类行为的固定性。

　　无论是城市人口流动规律，美国工业总产值，人寿保险的新增支付，还是发电量和火灾损失，凡是和人类生活密切相关的行为，都无一例外地被打上了波浪理论的烙印。而作者也通过各大市场见底时间的一致性，验证了波浪理论确实适合于几乎所有人类参与的市场。这真的是一种颇有意思的现象，想象一下，连交通事故这样的年度统计数字，我们也可以使用波浪理论来进行分析。假设我们可以依据该数值正处于三浪三段而做出预测，减少开车出门的次数，如果这真的是成立的，那么对人类的活动会有积极的指导意义。

其实波浪理论就是这样，试图从一般的常规事件中总结出普遍的规律。作为一种风行了半个多世纪的证券市场技术分析理论，波浪理论有着众多坚定的追随者。尽管在实际应用中出现过这样或者那样的瑕疵，但是作为一种大一统的宏观趋势理论，波浪理论确实在很大程度上揭示了证券市场股票运行的普遍规律。

尽管本书的描述非常简单，但是该理论的追随者们却发展和丰富了波浪理论，推出了诸多秘籍和经典走势形态。无论如何，作为一种技术分析手段，波浪理论确实在很大程度上减少了证券交易中的无序乱象。从这一点讲，艾略特的《波浪理论》一书确实具有划时代的重大意义。

让读者从本书中窥得技术分析理论体系的结构与一般推导过程，并将其具体运用到证券市场中以获取收益，才是本书真正的意义所在。

· 好书推荐 ·

基本信息

书名：趋势投资——金融市场技术分析指南

作者：丁圣元 著

定价：118.00 元

书号：978-7-115-54580-0

中国金融界的思想家和卓越实践者丁圣元先生

历时 10 年打造

30 年职业生涯的集大成之作

- 将日本蜡烛图技术和西方技术分析工具落地到每一天的交易当中。

- 3 阶段趋势走势模式分析。

- 5 大基础趋势分析工具系统讲解。

- 10 个买卖点形态交易指导。

- 332 张图形示例解读。

- 使您始终站在趋势一边，通过趋势演变来领会市场的本质，站在长期的视角来看待当下的变化，以行情的事实为依归，应对市场的不确定性，做出合理的交易决策。